KB220314

창세기에 나타난 하나님 마음 읽기

창세기에 나타난
하나님 마음 읽기

이기영 지음

한알의밀알

차 례

제 2 장

하나님의 구속을 위하여 ✿ 창세기 12장–50장

맺는 말
부록, 성경의 흐름

저 자 의 말

　이 책이 나오기까지 나를 세상에서 부르시고 인도하셔서 목회자가 되게 하시고 지금도 나를 이끌어 가시는 하나님 아버지께 감사와 영광을 돌린다. 나는 이 책을 통하여 독자들이 하나님의 음성을 들으며 더 깊은 영성을 소유하게 될 것이라는 확신과 소망을 가지고 글을 썼다. 우리 모두가 성경을 바로 보고 바로 전하는 메신저들이 되어야 하기 때문이다.

　처음 이 책을 쓰기위하여 붓을 잡던 날의 감격을 잊을 수가 없다. 이 감격이 이 책을 읽는 독자들에게도 나타나기를 소원한다.

　내가 이 책에서 강조하고 싶은 말이 있다. 그것은 성경을 나와 관계 있는 말씀으로 읽어야 한다는 것이다. 그 동안 우리는 성경을 역사속의 이야기로 읽어온 경향이 많이 있었다. 그리고 그 성경이 우리에게 주는 교훈에 귀를 기울여 온 것이 사실이다. 그러다 보니 '하라' 와 '하지 말라' 는 식의 설교를 많이 들어왔다. 이것이 잘못된 것이라는 것이 아니다. 성경은 물론 교훈적인 의미를 담고 있는 책이다.

그러나, 그보다 앞서 성경은 그리스도에 대한 책이며, 영생의 길을 가르쳐 주는 책이라는 것이다. 우리는 이제 좀 더 우리의 시야를 열어서 더 넓게, 그리고 더 깊이 성경을 이해해야 한다.

우리는 성경을 이스라엘의 역사라는 틀을 뛰어넘어서 이제 그리스도께서 내 안에 오셔서 일하시고 역사하시는 삶의 현장으로 성경을 보아야 한다. 즉, 성경의 모든 사건이 지금 내 안에서 일어나고 있는 이야기로 나에게 느껴져야 한다는 것이다.

부활 후 예수님께서 제자들에게 오셨을 때 숨을 내쉬며 "성령을 받으라."고 하셨다. 왜 성령을 받아야 하는가? 성령은 무엇인가? 성령은 제3위의 하나님으로 예수 그리스도의 영을 말한다. 따라서 성령 충만은 예수 충만이라고 할 수 있다. 예수 충만은 예수님으로 생각하고 예수님과 함께 사는 것을 말한다. 지금도 주님은 영으로 내 안에 오셔서 내 몸을 성전삼아 일하고 계신다. 지금 주님은 성령으로 오셔서 성경 안에서 일어난 일들을 내 안에서 이루시며 하나님의 사람으로 나를 만들어 가고 계시는 것이다. 이것은 작은 창조의 역사이다.

따라서, 우리는 성경을 나와 관계가 있는 말씀으로 보고 느끼고 들어야 한다. 나와 전혀 상관 없는 한 나라의 역사 이야기가 아니라는 뜻이다. 또한, 나와 상관이 있다고 하여도 경전으로 하나님께서 내게 말씀하시는 정도로 생각해서도 안 된다.

우리가 쉽게 묻고 쉽게 대답하는 말이 있다. "예수님께서 지금 어디에 계십니까?"라고 물으면 대다수의 그리스도인들이 "예, 지금 내 안에 계십니다."라고 대답한다. 그러나 그 내면을 들여다보면 그냥 형식적으로 대답하는 사람들이 의외로 많다. 그 동안 교회 안에서 그렇게 배웠으니 그렇게 대답하지 않는 것이 오히려 이상한 것이다.

어느 외국 선교사가 한국교회를 돌아보고 떠나면서 공항에서 "한국 교회에는 교인은 많은데 중생한 사람은 별로 많지 않은 것 같다."라고 했다는 이야기를 들었다. 처음에는 그 말을 듣고 화가 많이 났었는데 오히려 그것이 목사인 나에게 자극제가 되었다. 주님이 영으로 오셔서 지금 내 안에서 일하고 계시는데 이것을 느끼지 못하는 사람이 상상외로 너무 많은 데 놀랄 따름이다.

성경의 역사는 주님이 일하시는 역사다. 성경은 주님께서 지금 내 안에서 일하고 계시는 것을 보여 주고 있다. 따라서 성경이 내 안에서 이루어지는 책으로 이해가 되면 그때에 내 심령 안에 성경 속에 있던 하늘이 있고, 땅이 있으며, 새가 나는 것을 보게 된다. 뿐만 아니라 에덴에서 주님과 함께 걷고 있는 자신을 발견할 때, 진정한 주님과의 교제가 이루어지는 것이다.

이제 창세기를 나와 함께 같은 시각을 가지고 탐구하는 것을 통해서 이런 일들이 독자들에게도 일어나기를 기대해 본다.

창세기는 두 부분으로 나뉘어진다.

첫째는 창세기 1장에서 11장 바벨탑 사건까지로 중심주제는 창조가 된다. 하나님께서 창조를 통하여 계획을 이루어 가신다. 사람에게 주신 자유의지를 통하여 그들이 선택한 모든 것들을 수용하시고, 그 책임을 물어 그에 상응하는 심판을 적절히 내리시면서 하나님의 계획을 이끌어 가신다. 아담에게서 아벨에게로, 그리고 아벨에게서 셋에게로, 셋에서 노아로 이어지는 과정 가운데 하나님은 이 사람들을 통하여 하나님의 뜻이 성취되기를 기대하셨다.

그러나 원죄로 인하여 파괴된 자유의지를 가진 사람들은 하나님의 기대를 여지없이 무너뜨렸다. 이러한 하나님의 실망이 창세기 8:21-22에서 이렇게 나타나고 있다.

"여호와께서 그 향기를 흠향하시고 그 중심에 이르시되 내가 다시는 사람으로 인하여 땅을 저주하지 아니하리니 이는 사람의 마음의 계획하는 바가 어려서부터 악함이라 내가 전에 행한 것같이 모든 생물을 멸하지 아니하리니 땅이 있을 동안에는 심음과 거둠과 추위와 더위와 여름과 겨울과 낮과 밤이 쉬지 아니하리라"

이런 하나님의 뜻이 노아의 심판을 통하여 사람들에게 전달되었음에도 불구하고 사람들이 하나님의 말씀을 믿지 아니하고 오히려 전보다 더 타락하여 자기들의 이름을 높이고자 하는 교만의 바벨탑을 쌓았다. 하나님께서 시날 평지에 모여 바벨탑을 쌓고 있는 사람들의 언어를 혼잡하게 하심으로 이때부터 사람들은 온 세상에 흩어져 살게 되었다. 이 사건이 있은 후 하나님의 뜻에 따라서 창조를 통한 구속계획이 막을 내리게 된다.

둘째로 하나님께서는 부르심을 통한 구속계획을 창세기 12장부터 50장까지 이루어 가신다. 부르심을 통한 구속은 하나님께서 예정하신 한 사람을 지명하여 부르시고 그의 삶에 깊숙이 개입하셔서 하나님의 계획대로 그 사람을 이끌어 가시는 것을 말한다.

그러면, 창조를 통한 구속계획과 부르심을 통한 구속계획의 다른 점이 무엇인가? 하고 의아해 할 수도 있다. 이 두 계획은 전혀 다르다. 그 내용을 보면, 창조를 통한 역사에서 하나님께서는 사람을 택하시고 택함을 받은 사람에게 하나님의 의도된 방향만 설정하시고 그에게 다 맡겨두신다. 그리하여 자유의지를 사용케 하시고 그 결과에 대한 책임도 지게 하신다.

그러나 부르심을 통한 구속에서는 하나님께서 택한 사람을 부르시고, 부르신 그 사람을 처음부터 끝까지 함께 하시면서 일일이 간섭하시고 참견하셔서 하나님의 계획에 맞게 쓰시는 것이 창조와 다른 점이다.

창조를 통한 구속에서는 자유와 책임을 보여 주고 있으며, 부르심을 통한 구속에서는 전적인 하나님의 은혜를 보여 주신다. 따라서 창세기를 창조적인 면과 구속적인 면을 구분하여 두 부분으로 나누어서 생각을 해 보았다.

또 창세기에 나오는 내용 가운데 기독론적인 모형론을 찾기 위하여 신경을 많이 썼다. 창세기 속에 감추어져 있는 구속사적인 그리스도의 모습을 찾으려 애를 썼다. 많은 부분에서 하나님의 구속이 나타나고 있음을 볼 수 있었다. 이 책을 통해서 함께 그리스도의 풍성함을 누리는 여러분이 되기를 바란다. 이외에도 내가 발견하지 못한 부분이 또 있으리라고 생각한다. 필자가 찾다가 못 찾은 것은 독자들의 몫이라고 생각한다.

이 책이 나오기까지 기도로 수고한 하나로 교회 모든 성도들에게 감사를 드린다. 특별히 성안당 대표이신 이종춘 님과 성안당 출판부 식구들에게 감사하며, 양봉식 목사님의 수고에 감사드린다. 이분들의 수고로 이책이 나오게 된 것이다. 이 책을 읽는 독자들의 영적인 세계가 열려질 것을 확신한다. 사차원 성경공부 세미나를 진행하면서 목사님들께 책을 내겠다고 약속했었는데 그 약속을 이제야 지킬 수 있게 됨을 하나님 앞에 감사드리며 여러분들 가정에 평안이 함께 하시길 빈다.

이 책이 나오기까지 모든 것을 이해하고 동역해 준 사랑하는 나의 가족 아내 정복순, 그리고 사랑하는 두 딸 세라와 에스더에게도 나의 마음을 보낸다. 그리고 강창환 집사와 전재훈 전도사의 수고에도 감사를 보낸다.

신당동 하나로교회 목양실에서 이기영

창세기에 나타난 하나님 마음 읽기

창세기는 성경 66권 가운데 첫 번째 책으로서 여러 가지 세속사의 시작을 보여 주고 있다. 역사의 시작을 비롯하여 날의 시작, 인류의 시작, 가정의 시작, 하나님과의 교제의 시작, 죄의 시작, 제사의 시작, 농사의 시작 등 모든 것의 시작이 나타난다. 그러나, 창세기는 성경 66권의 축소판으로 성경 전체의 서론과 결론을 보여 주며, 시작을 말씀하고 있지만 마지막을 말하는 책이기도 하다.

예를 들면, 에덴 동산의 생명나무를 통한 영생의 길이 아담과 하와의 범죄로 인하여 막혀 버린 사건의 발생이다. 먹고 영생할 수 있는 생명나무는 종말론적인 의미를 가지고 있다고 할 수 있다. 이외에도 여인의 후손의 구속과 노아 홍수심판, 그리고 소돔과 고모라의 멸망은 종말론적인 사건으로 종말에 나타날 심판을 보여 주고 있는 것이다.

성경 66권은 관주 성경으로서, 성경 창세기에서부터 요한 계시록까지를 목걸이처럼 구슬로 둥그렇게 꿰어 놓는다면 어느 책이 시작이고 어느 책이 마지막이라고 말할 수도 없다. 일렬로 세운다면 창세기와 요한 계시록은 처음의 책과 마지막인 책이지만 앞에서처럼 구슬로 연결시킨다면 바로 앞이고 뒤의 책인 것이다. 이처럼 창세기가 시작을 보여 주는 책이지만 그 내용을 보면 알파와 오메가, 처음과 나중, 시작과 끝이 그 안에 다 들어 있음을 알 수 있다.

성경의 통일성과 다양성, 점진성

성경을 연구하다 보면 우리가 잘 아는 대로 성경만이 가지고 있는 독특함이 있다.

첫째, 성경의 통일성이다. 성경은 전체가 66권의 책으로 되어 있는데 이 66권의 성경이 마치 한 사람이 기록한 것처럼 통일성을 가지고 있다. 1,600년에 걸쳐서 그것도 40여 명의 저자들로 기록되어진 성경이 통일성을 가지고 있다는 것은 가히 놀라운 일이라 하지 않을 수 없다. 오직 성경만이 조화로운 통일성을 가질 수 있는 것이다. 한 분 성령의 조명 아래 영감을 받은 사람들에 의해 기록된 책임을 절실히 느끼게 된다.

둘째, 성경 66권 모두가 하나님의 말씀으로 예수 그리스도에 대하여 말씀하고 있으며, 통일성을 가지고 있지만 그 성경 한 권 한 권을 살펴보면 자신만의 독특한 주제가 있는 것을 볼 수 있다. 또한 성경 각권 안에는 그 성경만이 가지고 있는 특별한 메시지가 담겨 있다. 이 것은 저자와 시대와 상황들의 나타남인데 각 성경마다 표현하는 방법 이 제각각 다르다는 것이다. 각각의 그 성경만이 가지고 있는 특성이 그 성경 안에 표현되어 있는 것이다.

셋째로, 성경의 점진성이다. 성경이 한 부분에 머물러 있는 것이 아 니라 점진적으로 앞으로 나아가며 희미하던 예언이 점점 분명하게 드 러나는 것을 볼 수 있다.

예수님에 대한 예언을 보면 창세기 3장 15절에서 "내가 너로 여자 와 원수가 되게 하고 너의 후손도 여자의 후손과 원수가 되게 하리니 여자의 후손은 네 머리를 상하게 할 것이요 너는 그의 발꿈치를 상하 게 할 것이니라 하시고"라고 한 말씀을 보면 '여인의 후손'으로 표현 되어지고 있다.

이것이 조금더 구체적으로 나타나는데, 이사야 7장 14절에서 "그 러므로 주께서 친히 징조로 너희에게 주실 것이라 보라 처녀가 잉태하 여 아들을 낳을 것이요 그 이름을 임마누엘이라 하리라"하심 같이 이 사야에서는 동정녀 탄생을 말하고 있다.

그리고, 미가 5장 2절을 보면, "베들레헴 에브라다야 너는 유다 족속 중에 작을찌라도 이스라엘을 다스릴 자가 네게서 내게로 나올 것이라 그의 근본은 상고에, 태초에니라"고 해서 이제 태어나실 장소까지 분명하게 밝히고 있는 것이다.

여인의 후손에서 시작한 하나님의 구속사건이 이제는 어디에서 태어나실 것인가까지 점진적으로 나타내고 있는 것을 볼 수 있다. 이러한 성경의 특성을 이해하고 성경을 대하면 많은 도움을 받을 수 있으리라고 생각한다.

창세기 1장 1절에서 "태초에 하나님이 천지를 창조하시니라"고 말씀하심으로 하나님의 창조로 생명의 시작을 알리고 있지만 창세기 마지막 부분인 창세기 50장 26절에서는 요셉이 애굽에서 죽어 입관되는 장면을 기록하고 있다.

생명의 역사와 사망의 역사가 창세기 시작과 끝에 나타나고 있는 것이다. 우리 앞에 생명과 사망이 있음을 보여 주고 있다. 어떤 사람은 생명의 선택자로 어떤 사람은 사망의 선택자로 나타날 것이다. 성경은 우리로 하여금 어떤 선택자가 되어야 할 것인가를 극명하게 보여 주고 있다.

창세기의 내용 구분

우리가 창세기를 자세히 살펴보면 창세기 1장부터 11장까지의 내용과 12장부터 50장까지의 내용이 다르다는 것을 알 수 있다.

전반부인 창세기 1장부터 11장까지는 창조를 통하여 창조의 섭리 안에서 일하시는 하나님을 보여 주고 있다.

세부적인 내용으로 들어가 보면 네 개의 사건이 나타나는데, 이 사건들을 통하여 하나님의 계획과 역사하심을 볼 수 있다. 첫째는, 하나님의 6일간의 창조로 이루어지는 창조사건, 둘째는, 아담의 범죄로 이루어지는 타락사건, 셋째는, 사람들의 죄가 도를 넘어 감당할 수 없음에 이른 것을 보시고 세상에 사람을 지으신 것을 한탄하시므로 이루어지는 홍수심판사건, 마지막으로, 하나님의 말씀을 신뢰하지 않는 세대가 시날 평지에 모여서 하나님께 정면으로 반역한 바벨탑 사건이 그것이다.

그리고, 12장 이하에서는 전반부에서 하신 것과는 달리 하나님께서 구약의 4대 족장인 아브라함과 이삭과 야곱과 그리고 요셉을 부르셔서 하나하나 간섭하시면서 친히 하나님의 역사를 이루어 가시는 모습을 볼 수가 있다.

첫 번째로 부르신 아브라함의 경우를 보면, 하나님께서 갈대아 우르에 있는 아브라함을 찾아가셔서 그에게 직접 갈대아 우르를 떠나라고 지시하시고 그의 행보에 하나님께서 함께 하시는 것을 볼 수 있다. 하란에서 데라 때문에 아브라함이 더 나아가지 못할 때 기다리시며 데라가 죽자 아브라함에게 다시 떠날 것을 명령하신다. 하나님께서는 그와 동행하셔서 애굽의 바로의 위험으로부터 그를 보호하시고 조카 롯과 서로 분가할 때도 나타나셔서 위로와 소망을 주신다. 그리고 아브라함이 아들 이삭을 낳기까지 역사하시고 간섭하시는 하나님의 모습은 우리가 창세기 1장 이하에서 11장까지는 볼 수 없었던 내용들이다.

창조와 구속

따라서, 창세기는 두 부분으로 하나님께서 창조와 구속이라는 두 개의 큰 기둥을 통한 인류 구속을 우리에게 보여 주고 있다.

하나님은 창조주이시며 구세주이시고 우리는 그의 피조물이며 그의 구원받은 하나님의 자녀인 것이다.

하나님께서 인간을 창조하시고 창세기 1장 28절에서 "하나님이 그들에게 복을 주시며 그들에게 이르시되 생육하고 번성하여 땅에 충만하라, 땅을 정복하라, 바다의 고기와 공중의 새와 땅에 움직이는 모든 생물을 다스리라 하시니라"고 하셨다.

그런데, 하나님의 피조 세계를 잘 관리하고 다스려야 할 문화명령을 받은 인간이 에덴에서 사단의 꼬임에 넘어가 죄를 범하여 타락함으로 그 죄로 인하여 인간이 관리하던 피조세계도 함께 망가짐과 동시에 피조세계의 모든 소유가 사단에게로 넘어갔다.

그리고, 범죄한 인간은 더 이상 에덴에 있을 수가 없었다. 죄를 지은 아담과 하와는 에덴에서 쫓겨났으며, 그와 동시에 하나님과의 관계도 파괴되었다. 인간들의 범죄로 인하여 파괴된 하나님과의 관계를 인간 스스로가 회복할 수 없었다.

죄인인 인간이 어떻게 하나님 앞에 나아갈 수 있는가? 하나님만이 인간을 원래의 상태로 회복시키실 수 있는 것이다. 그래서 하나님께서 인간을 죄로부터 회복시키시기 위하여 창세기 안에 하나님의 계획이 담겨 있는 많은 구속의 그림을 감추어 두시고, 그 그림을 하나님께서 하나하나 이루어 가고 계신다. 나는 이 책에서 그런 숨은 그림들과 하나님께서 말씀하시고자 하는 하나님의 의도를 찾고자 한다.

제 1 장

하나님의 창조를 위하여

1. 두 세계와 두 왕국

●○

"하나님이 가라사대 빛이 있으라 하시매 빛이 있었고 그 빛이 하나님의 보시기에 좋았더라 하나님이 빛과 어두움을 나누사 빛을 낮이라 칭하시고 어두움을 밤이라 칭하시니라"

(창 1:3-5)

1) 보이지 않는 세계(영적 세계)

우리가 살고 있는 이 세상은, 눈으로 보는 보이는 세상만 존재하고 있는 것이 아니다. 오래 전에, 김우중 전 대우 회장이 쓴 〈세상은 넓고 할 일은 많다〉라는 책 제목이 보여 주듯이 세상은 우리가 생각하는 것보다 더 넓고 크다.

하지만, 가시적인 세상만 존재하고 있는 것이 아니다. 눈에 보이지 않는 세상도 존재하고 있는 것이다. 따라서 이 세상은 눈에 보이는 세계와 눈에 보이지 않는 세계가 있는 것이다.

눈에 보이는 세계를 물질세계라고 하고 눈에 보이지 않는 세계를 영적 세계라고 한다. 보이는 세계는 창세기 1장 1절 이하의 창조로 시작되었다. 보이지 않는 세계 곧 영적 세계는 세상의 창조 이전인 영원의 세계 속에서 시작되었으며 하나님에 의하여 천사들이 하늘나라의 구성원으로 창조되었다.

하나님께서 창조한 천사를 보면 찬양을 맡은 루시엘 천사장, 기쁜 소식을 전하는 가브리엘 천사장, 그리고 미가엘 천사장과 그 밑에 그룹과 스랍 천사 등의 수많은 천사들이 활동하고 있었다.

하나님의 피조물인 천사들 가운데 찬양을 맡은 루시엘이라고 하는 천사장이 자기의 지위를 떠나 하나님과 같이 되려는 생각을 하다가 하나님께 저주를 받아 하늘로부터 공중과 지상으로 그의 일당과 함께 쫓겨나와 어둠의 세력들을 규합하여 그의 나라를 세웠다. 지금도 하나님에게 대항해서 그의 힘을 구축하고 있는 세력으로서 늘 하나님의 역사에 대하여 공격적이며 성도들을 괴롭히며 끝날까지 존재하는 나라로서 '사단의 나라'라고 한다.

성경에는 이렇게 보이지 않는 세계에 두 개의 나라가 존재하고 있음을 말씀하고 있다. 하나는 하나님의 나라요, 다른 또 하나는 사단의 나라인 것이다.

예수님을 믿기 전에 우리 가정은 불교를 믿으면서 무속신앙을 가지고 있었다. 그래서 어렸을 때 나는 우리 집에서 봄, 가을로 고사를 지내는 것을 보면서 자랐다.

어느 해인가 고사를 지낼 때의 일이다. 떡을 찌시던 할머니는 "얘! 어미야 어떻게 하냐?"라고 하셨다. 이유인즉 떡이 한 쪽이 설익었다는 것이다. 싸리가지로 찔러 보기도 하고 잘 익도록 다시 열을 가해서 찌는 데도 끝까지 익지 않았다. 고부간에 머리를 맞대고 고민을 해도 해결이 안 될 때면 언제나 어머니는 부리나케 앞집으로 달려가셨다. 왜냐하면 바로 앞집에 무속인이 살았으며, 어머니하고도 가까운 사이였기 때문이다. 그래서 물어 보러 가시는 것이었다. 그러면 같이 와서 봐주고 가곤 하였다.

때로는, 가끔가다가 음식을 만들어서 동전을 꽂아 문 앞에 놓아 두기도 하였다. 그래서 왜 이렇게 하느냐고 물으면 어머니께서는 그렇게 해야지만 좋다고 하시는 것이었다. 이렇게 해야 가정이 두루두루 평안하다는 것이었다. 또 그 당시에는 못도 마음대로 벽에 박을 수가 없었다.

뿐만 아니라, 누가 어떤 물건을 준다고 해도 마음대로 가지고 올 수가 없었다. 한번은 책상을 얻어왔는데 이 책상이 들어온 후에 집안에 우환이 생겼다. 어머니께서 어디 가서 물어 봤더니 그 책상 때문이라는 것이다. 어머니는 오시는 즉시 나에게 '나무 목(木)' 자를 써서 네 귀퉁이에 붙이라고 하시고, 당신은 다른 비방을 하시는 것이었다.

헌 물건만 문제가 되는 것이 아니었다. 새 상을 샀는데도 그냥 쓰는 것이 아니라 네 귀퉁이에다가 '임금 왕(王)' 자를 써 붙이고 난 후 사용했다. 밤에는 손톱도 깎지 못하고, 휘파람도 불지 못하게 하고 너무나도 제약이 많았었다.

그 당시에 할머니께서는 "애! 오늘이 무슨 날이니?"라고 나에게 늘 물어 보곤 하셨다. 이것은 십이지신상에 관하여 물으시는 것이었다. "말날은 좋은 날이고, 소날은 어떻고, 돼지날은 어떻고……." 하시는데 어린 내가 보기에 좋은 날보다 안 좋은 날이 더 많았다.

그런데, 예수님을 믿고 나니까 얼마나 좋던지 우리 집 한쪽 벽에 한줄로 못을 다닥다닥 박았다. 옛날에는 못 한번 마음대로 박지 못했었는데 예수님을 믿고 나니 밤이고 낮이고 상관이 없는 것이었다. 이제는 다른 사람이 쓰던 물건도 아무런 부담 없이 쓸 수 있는 세상에서 나는 살고 있다.

아직도 과거의 세상에서 꼼짝 못하고 살아가는 사람이 얼마나 많은가? 그들은 귀신들이 해코지할까봐 두려워서 벌벌 떨고 있다. 그 안에 있는 동안에는 그 영들에게 사로잡혀 귀신들을 섬겨야 한다. 그러나 하나님은 그 귀신들을 한 손에 붙잡고 있는 상천하지의 하나님이시다. 하나님의 자녀에게는 귀신도 어떻게 할 수 없다. 그러니 자기의 휘하에 있는 사람들로 귀신을 섬기라고 못살게 구는 것이다. 바로의 행위를 보라. 다른 곳에 신경 쓰지 못하도록 고역으로 그들의 힘을 막아버리는 사단의 계략인 것이다.

사단의 나라에 대하여 조금 더 설명을 하자면, 사단의 나라는 주님이 재림하실 때까지 주님이 오셔서 이들을 무저갱에 집어 넣고 뚜껑을 닫는 순간까지 활동하게 된다. 또한 하나님이 주신 공중권세를 가지고 활동하는 흑암의 세력으로 어디까지나 하나님의 용납하심 속에서 활동하고 있는 것이다.

하나님의 나라와 사단의 나라의 역사가 성경의 역사이다. 이 양대 산맥 속에서 모든 역사가 진행되고 있으며, 이 두 왕국의 갈등이 주님의 재림 때까지 평행선을 그으며 나아가고 있다.

물론, 여기서 갈등이라고 표현은 했지만 사단의 역사는 하나님의 허용범위 안에서 이루어지는 역사이다. 이것을 우리는 욥기에서 찾아볼 수 있다. 욥기 1장 8절에서 하나님이 욥의 신앙을 칭찬하시자 사단이 9절 이하에서 11절까지 욥에 대하여 하나님께 시비한다.

"욥이 까닭 없이 하나님을 경외하는 줄 아십니까? 하나님께서 욥에게 베푸신 은혜가 얼마입니까? 그것을 다 거두어 버려도 욥이 하나님을 경외할 줄 아십니까? 절대로 아닙니다. 만일 그의 재산을 다 불어버리신다면 오히려 하나님을 원망할 것입니다. 두고 보세요."

하나님께 송사할 때 1장 12절에서 하나님께서 사단에게 욥의 모든 소유를 치도록 허락하신 범위 안에서 사단이 역사하고 있음을 보여 주고 있다.

또한, 예수님께서 복음서에서 귀신을 쫓아내는 사건마다 귀신들이 "다윗의 자손 예수여 내 때가 아직 이르지 아니하였나이다" 하는 말들을 보게 된다. 여기서 말하는 때는 주님의 재림의 때, 곧 마지막 주의 재림시에 하나님의 나라가 결정적으로 승리함으로써 모든 것이 끝나게 된다는 것을 말해 주고 있는 것이다. 그러나 현재 우리는 아직 끝나지 않은 '이미와 아직'의 긴장 속에서 이 두 왕국 사이에 살고 있는 것이다.

영화를 보면 주연배우가 있고 조연배우가 있어서 영화가 만들어진다. 만일 주연배우가 없다면 감독은 영화다운 영화를 만들 수 없다. 주연배우는 그 드라마를 이끌고 나가는 주인공이기 때문이다. 그러나 조연배우는 중요하기는 하지만 여러 배역가운데 하나, 둘 정도는 없어도 만들 수 있다.

마찬가지로, 하나님의 나라와 사단의 나라 가운데 하나님의 나라는 영화의 주인공인 주연배우와 같아서 하나님의 나라가 없이는 그 어떤 역사도 이루어질 수 없는 것이다. 왜냐하면 성경의 역사는 하나님의 나라가 주된 나라요, 하나님의 나라에 반하여 사단의 나라는 하나님의 나라에 대한 반사작용으로 나타나는 종속적인 나라이기 때문이다.

즉, 사단의 나라는 하나님의 나라에 대항하는 나라로서 하나님의 역사가 나타날 때만 방해자로서 나타나기 때문에 주연구 대상은 하나님의 나라이다. 그렇다고 해서 사단의 역사를 무시해서는 안 된다. '지피지기면 백전백승(知彼知己 百戰百勝)'이라고 한 것처럼 사단의 역사를 알아야 우리가 이길 수 있는 것이다. 본서를 통하여 영계를 볼 수 있는 시야가 열려지길 기대해 본다.

| 영적 세계의 간접경험은 꿈 |

우리가 간접적으로 영의 세계를 체험하게 되는데, 이것을 우리는 꿈이라고 한다. 꿈을 통해서 영적 세계를 간접적으로 체험할 수 있다고 하니까 엉뚱한 생각을 하는 사람이 있다.

우리가 꾼 꿈이 영몽인가 아닌가 고민한다. 이것을 해석해 주는 것이 아니고 우리가 꾸는 꿈속에서 우리가 취하는 행동을 보고 알 수 있다는 것이다. 도대체 꿈속에서 나는 어떤 모습인가? 그리고 어떻게 행동을 하는가?

어떤 때는 꿈속에서 나쁜 사람들이 쫓아와서 도망치고 싶은데 발이 떨어지지 않아 애만 쓰다가 붙잡힐 것 같은 위기상황에서 놀래서 꿈을 깨는 경우도 있을 것이고, 어떤 꿈은 평상시에는 생각할 수도 없는 꿈으로서 하늘을 날다가 깨기도 하고, 어떤 꿈은 생각한 대로 다 이루어지는 그런 꿈이 꾸어지기도 한다.

이와 같이, 하나님께서 영적인 세계를 우리에게 꿈을 통하여 간접적으로 보여 주시는 이유가 있다. 꿈속의 세상은 영의 세계와 같다. 그 꿈속에서 내 마음대로 하고 싶어도 되지 않아 애를 쓰다가 깨어나는 것처럼 영의 세계는 내 마음대로 되는 세계가 아니라는 것이다. 누군가가 우리를 이끄는 대로 이끌림을 받게 되는 세계이다. 하나님이든 사단이든 누군가가 우리를 이끌게 되어 있다.

　지금도 우리는 보이지 않는 영의 세계에 이끌림을 받고 있다. 그러나 영적 세계의 어떤 힘이라 할지라도 아무나 나를 이끄는 것이 아니라 나의 주인만이 나를 이끌 수 있게 되어 있는 것이다.

　나의 주인은 누구인가? 나의 주인은 나만이 선택할 수 있다. 하나님은 이 시간 내가 나의 마음 문을 열고 주님을 영접하기를 기대하고 계신다. 요한계시록 3장 20절에서 주님은 "볼지어다 내가 문 밖에 서서 두드리노니 누구든지 내 음성을 듣고 문을 열면 내가 그에게로 들어가 그로 더불어 먹고 그는 나로 더불어 먹으리라"고 나를 초청하신다.

　어떤 주인을 선택하느냐는 나의 마음이다. 그러나 그 선택은 나의 미래를 완전히 바꾸어 놓을 수 있다는 것이다. 한번의 선택이 그리고 순간의 선택이 영원을 좌우하는 것이다. 영의 세계는 내 마음대로 할 수 있는 세계가 아니다. 마태복음 7장 13절에서 14절을 보면 "좁은 문으로 들어가라 멸망으로 인도하는 문은 크고 그 길이 넓어 그리로 들어가는 자가 많고 생명으로 인도하는 문은 좁고 길이 협착하여 찾는 이가 적음이니라"고 하고 있다.

　만일 영계에서 자신이 모든 것을 마음대로 할 수 있다면 잘못된 것에 대한 궤도 수정이 가능해서 고칠 수 있다. 하지만 이것이 가능치 않기 때문에 육신을 가지고 있는 동안에 우리의 주인을 잘 선택하라고 주시는 경고의 말씀인 것이다. 여러분의 주인이 주님이시기를 소원한다.

2) 보이는 세계 (물질세계)

다음으로, 보이는 세계가 있는데, 이 보이는 세계는 물질세계로 하나님의 창조에 의하여 만들어진 세계이다. 이 세계의 기본은 물과 흙으로 되었다. 그래서 물질세계를 보면 모든 것이 결국에는 흙으로 돌아가는 것을 보게 된다. 모든 것들이 흙으로부터 왔다고 해도 틀림이 없다. 자연의 원리를 보면 흙으로부터 식물이 양분과 기운을 먹고 자라며 흙의 양분과 기운을 먹고 자란 식물은 동물의 먹이가 되며, 식물을 먹고 자란 동물은 사람의 먹이가 된다.

사람은 이분법적인 구조로 보면 영적인 것과 물질적인 것을 다 가지고 있다. 그래서 사람은 구조상으로는 영혼과 육체로 되어 있으며, 기능상으로 보면 영과 혼과 육으로 되어 있다.

보이지 않는 영혼은 하나님을 추구하지만 보이는 육체는 세상의 쾌락을 쫓고 싶어 한다. 영혼은 하나님으로부터 왔으며 육체는 땅으로부터 왔기 때문이다. 이 두 세계의 가운데에 끼어 있는 것이 사람이다.

사람의 조상인 아담에게 하나님께서 보이는 피조세계를 다스리도록 맡기셨는데, 선악을 알게 하는 나무의 실과를 먹고 범죄함으로 인하여 인류는 실패하고 만 것이다.

우리는 보이는 세계와 보이지 않는 세계의 두 세계 속에 살고 있으며, 이 세상에서 생명이 다하는 날, 우리는 원하든 원하지 않든 간에 육체를 벗고 우리의 영혼이 이 세계를 떠나서 영적인 세계 속으로 들어가게 된다. 지금 우리는 이 땅에서 자신의 생각을 따라 좋아하는 대로 모든 것을 선택하며 희희낙락하고 살아가지만 육체를 벗는 날에는 내 마음대로 할 수 없게 된다. 이 땅에서 내가 선택한 그 주인이 나의 영혼을 관리하게 되는 것이다.

보이지 않는 세계는 하나님의 나라와 사단의 나라로 구분되어 있다. 보이는 세계는 보이지 않는 이 두 나라의 영향을 받고 있다. 예수님을 믿지 않는 사람들은 새해가 되면 토정비결을 본다고 하고, 새해운수를 본다고도 하고, 이사갈 때에는 어디로 가야 하는가를 무속인에게 물어보고, 봄과 가을에 고사를 지내서 가정의 평안을 빌기도 하는데 이 모든 것이 보이지 않는 세계의 영향 아래 있다고 하는 증거들이다.

우리는 하나님으로부터 지음을 받은 하나님의 사람들이다. 우리의 영은 하나님으로부터 온 것이다. 따라서 우리의 영은 하나님에게로 돌아가야 한다. 그래서 사람이 죽으면 돌아가셨다고 하는 것이다. 그런데 온 곳으로 제대로 가지 못하는 사람도 있다. 그것은 주인이 다르기 때문이다. 가지 못하는 사람은 왜 가지 못하는가? 마귀가 넓은 문으로 해서 지옥으로 끌고 가기 때문에 하나님이 계신 천국으로 갈 수가 없는 것이다. 우리는 영계의 미아가 되어서는 안 되는 것이다.

이것은 전적으로 보이는 이 세상에서 정해지는 것이다. 우리는 성령 안에서 하나님이 이끄시는 대로 믿음으로 순종하며 승리하는 성도가 되어야 한다.

어떤 할아버지에게 전도하면서, "할아버지, 예수님 믿으시고 천국에 가세요." 그랬더니 이 할아버지 말씀이 "천국이 어디 있어? 죽으면 그만이지." 하시는 것이었다. "아니에요. 할아버지 천국은 반드시 있습니다." 그랬더니 "자네는 봤는가?" 하시는 것이다. 그래서 다음과 같은 말씀을 해 드렸다.

세상 돌아가는 이치 속에 하나님의 나라, 곧 천국에 대하여 숨겨 놓은 이야기들이 많이 있다. 그 가운데 하나가 인생살이를 통한 교훈이다. 우리의 인생을 살펴보면 아버지와 어머니의 사랑으로 어머니 몸속에서 태아가 만들어진다. 이렇게 만들어진 태아는 어머니 모태에서 10개월 동안을 아무 사고 없이 건강하게 자라난 태아만이 이 세상에 태어나서 일생을 살 수 있는 특권을 누리게 된다.

그러나, 어머니 몸속에서 건강하게 제대로 준비하지 못하고 죽은 채로 나오는 태아는 사산아가 되고 만다. 만일 이 죽어서 나온 아기가 말을 할 수 있다면 이 아기는 "세상은 존재하지 않는다"고 할 것이다. 한 번도 본적이 없으니까 말이다. 이 아이가 보지 못했다고 세상이 없는 것은 아니다.

마찬가지이다. 우리가 여기서 우리 각자에게 주어진 시간 동안 철저하게 준비하지 못하면 마치 사산아처럼 "천국은 없어! 있기는 뭐가 있어"라고 할 수밖에 없게 된다. 준비는 여기 이 세상에서 다 끝나는 것이다.

그날에는 여기서 행한 대로 받게 된다. 이제 우리 인생의 종착역에 도달하였을 때, 보이는 세계에서 보이지 않는 세계로 우리 모두는 여행을 하게 된다.

그 때, 당신이 여행을 한다면 그 여행의 조종사로는 오직 주님이 되어야만 한다. 천국은 믿음으로 가는 나라이다. 믿음으로 산다는 것은 예수님을 나의 주인으로 모시고 사는 것을 말한다.

찬송가에도 "믿음으로 사는 자는 하늘 위로 받겠네"라고 하였다. 믿음으로 천국을 소유하는 사람은 특별한 은혜를 입은 사람이요 복 받은 사람이다.

2. 하나님의 오심

●○

"하나님이 가라사대 빛이 있으라…… 하나님이 가라사대 물 가운데 궁창이 있어…… 이튿날 요한이 예수께서 자기에게 나아오심을 보고 가로되 보라 세상 죄를 지고 가는 하나님의 어린 양이로다"(창 1:3, 6 ; 요 1:29)

성경을 보면 하나님께서 세상을 창조하심으로 역사에 개입하신 이래 하나님의 특별한 오심이 성경에 여러 번 나타나고 있다. 이렇게 세상의 역사를 움직이시기 위하여 하나님께서 오신, 그리고 앞으로 오실 그 내용들을 구체적으로 살펴보기를 원한다. 언제 하나님께서 우리에게 오셨는가? 직접 특별하게 오신 하나님의 모습은 어떠한가?

1) 하나님은 창세기 1장에서 천지 창조를 위하여 말씀으로 오셨다.

천지 창조가 성부 하나님의 계획에 의하여 말씀이신 성자 하나님의 실행하심으로 이루어진 것이다. 하나님의 창조사역을 보면 "하나님이 가라사대"라는 말씀이 반복적으로 나타나고 있다(창 1: 3, 6, 9, 11, 14,

20, 22, 24, 28, 29). 말씀이신 그리스도가 말씀으로 창조하셨다. 요한복음 1장 1절로 3절을 보면 "태초에 말씀이 계시니라 이 말씀이 하나님과 함께 계셨으니 이 말씀은 곧 하나님이시니라 그가 태초에 하나님과 함께 계셨고 만물이 그로 말미암아 지은 바 되었으니 지은 것이 하나도 그가 없이는 된 것이 없느니라"고 하심으로 예수 그리스도가 말씀 자체이셨고, 말씀이신 예수 그리스도가 말씀으로 창조하기 위해 오신 것이다. 창조역사는 말씀의 역사이다. 예수님께 나아온 백부장이 마태복음 8장 8절에서 "주여 내 집에 들어오심을 나는 감당치 못하겠사오니 다만 말씀으로만 하옵소서 그러면 내 하인이 낫겠삽나이다"한 것을 보라. 그 말을 듣고 말씀이신 "하나님의 아들 그리스도가 말씀하니 하인이 그 시로 나으니라 지금 우리에게 말씀만 하옵소서"이다.

2) 인류를 속죄하기 위하여 어린 양으로 오셨다.

아담의 원죄로 인하여 인류 전체가 하나님 앞에서 죄인이 되었다. 이렇게 범죄한 죄인인 인류를 저들이 지은 죄로부터 구원하시기 위하여 하나님께서 대속 제물로 아들을 보내 주셨다. 마태복음 1장 21절과 23절에 보면 "아들을 낳으리니 이름을 예수라 하라 이는 그가 자기 백성을 저희 죄에서 구원할 자이심이라 하니라", "보라 처녀가 잉태하여 아들을 낳을 것이요 그 이름은 임마누엘이라 하리라 하셨으니 이를 번역한즉 하나님이 우리와 함께 계시다 함이라"고 하셨다.

그리고 요한복음 1장 29절에서 "이튿날 요한이 예수께서 자기에게 나아오심을 보고 가로되 보라 세상 죄를 지고 가는 하나님의 어린 양이로다" 하였다. 구약에서 속죄 제물로 양을 드렸다. 그 양이 사람의 죄를 위하여 죽음 같이 예수 그리스도가 대속의 죽음을 죽으실 것을 말씀해 주고 있는 것이다.

요한복음 1장 36절에서도 "예수의 다니심을 보고 말하되 보라 하나님의 어린 양이로다"고 하였다. 이와 같이 신약에서 세례 요한이 예수님을 향하여 "보라 세상 죄를 지고 가는 하나님의 어린 양이로다"라고 하였다. 이것은 말씀이신 그리스도가 사람의 몸을 입고 이 땅에 오셔서 사람들을 위하여 대속제물로 십자가에 죽으실 것을 세례 요한이 말한 것이다.

3) 그리스도께서 성육신하심으로 이루신 십자가의 구속을 개인 개인에게 적용하기 위하여 성령으로 오셨다.

예수님께서 말씀하시기를, "내가 가면 너희에게 보혜사 성령을 보내리니 그가 오면 너희를 진리 가운데로 인도할 것이요 진리가 너희를 자유케 하리라" 하셨다. 예수님께서 말씀하신대로 예수님이 승천하신 날부터 제자들은 모여서 성령이 오시기를 기도하였다. 주님의 약속한 성령님께서 오순절 날 마가 요한의 다락방에서 평상시와 같이 모여서 기도하고 있던 120여 명의 사람들에게 성령강림 역사로 오신 이후 계속해서 계시면서 구원받는 사람들에게 지금도 구속을 적용하고 계신다. 이 성령님께서 오늘 나와 여러분 안에도 계신다. 이제 믿는 우리는 성령의 충만을 구하여야 한다.

4) 그리고 마지막으로 세상 끝 날에 그리스도께서 최후의 심판을 위하여 재림주로 오신다.

마지막 날의 재앙을 요한 계시록은 이렇게 묘사한다.

> "내가 보니 여섯째 인을 떼실 때에 큰 지진이 나며 해가 총담같이 검어지고 온 달이 피같이 되며 하늘의 별들이 무화과나무가 대풍에 흔들려 선 과실이 떨어지는 것같이 땅에 떨어지며 하늘은 종이 축이 말리는 것같이 떠나가고 각 산과 섬이 제 자리에서 옮기우매 땅의 임금들과 왕족들과 장군들과 부자들과 강한 자들과 각 종과 자주자가 굴과 산 바위 틈에 숨어 산과 바위에게 이르되 우리 위에 떨어져 보좌에 앉으신 이의 낯에서와 어린 양의 진노에서 우리를 가리우라 그들의 진노의 큰 날이 이르렀으니 누가 능히 서리요 하더라"

(계 6:12-17)

이것을 보면 그날의 심판이 얼마나 무서운지 실감하게 된다.

이제 주님이 심판주로 오시는 그날, 우리는 개개인의 삶에 대한 결과를 주님 앞에서 심판을 받게 될 것이다. 선악간에 심판의 주로 오시는 예수님을 우리 모두는 만날 것이다. 그때에는 공의로 심판하시는 주님이 공의의 법으로 모든 사람을 대하실 것이다. 지금은 누구에게나 사랑으로 오셔서 따뜻한 마음으로 감싸 주시는 사랑의 주님이시지만 그날에는 우리가 행한 대로 갚아 주시는 심판주로서 공의의 하나님으로 오셔서 이 땅에서 우리가 행한 대로 법대로 집행하신다. 이 공의의 법을 피하여 갈 수 있는 사람이 아무도 없다는 것이다.

그러나, 모든 것이 그렇듯이 예외는 있다. 우리가 예수님을 잘 믿었다면 그리고 예수 그리스도와 생명의 연합이 이루어졌다면 우리는 두려워할 필요가 없다.

천국은 믿음으로 가는 나라이지 나의 행위로 가는 나라가 아니기 때문이다. 은혜로 구원받은 자는 은혜로 들어간다.

3. 창세기 1장 1절의 의미는 무엇인가?

●○

"태초에 하나님이 천지를 창조하시니라"(창 1:1)

창세기 1장 1절을 보면 "태초에 하나님이 천지를 창조하시니라"고 말씀하고 있다. 이 창세기 1장 1절의 의미는 무엇인가?

우리는 이 의미를 편지라고 하는 매체를 통해서 생각해보기로 하자. 신약의 대부분이 사도 바울이 쓴 바울 서신으로서 바울이 각 교회들에게 보낸 편지를 엮어서 정경화시킨 것이다. 성경은 하나님이 우리에게 주신 편지로 죄인들을 구원하시겠다는 의미를 포함하고 있는 것이다. 따라서 성경의 창세기 1장 1절은 매우 중요한 의미를 담고 있는 것이다.

우리가 편지를 쓰는 이유는 나의 소식을 상대방에게 전하기 위해서 안부편지로 쓸 때도 있고, 어떤 용무가 있어서 쓰기도 한다. 어떤 경우이든지 항상 우리로 하여금 편지를 쓸 때 고민하게 만드는 것이 있다.

서두를 어떻게 시작할 것인가 하는 문제이다. 나의 경우를 보면 서두가 나오면 그 때부터는 글을 쓰기가 쉽다. 그러나 서두가 생각이 나지 않을 때는 글을 쓰기가 용이하지 않다.

이 서두가 중요한 것은 내가 말하고자 하는 전체의 내용을 서두에서 어느 정도 담고 있어야 하기 때문이다. 즉 내가 이 편지를 왜? 쓰게 되었는가?가 서두에 나타나고 있다. 서두를 읽어 보면 문안하는 내용의 편지인지 아니면 어떤 용무가 있는 편지인지를 나타내 주고 있듯이 성경 창세기 1장 1절의 말씀도 편지의 서두처럼 그 내용이 단순하지는 않다고 하는 것이다. 그렇다면 이 말씀 속에 어떤 내용들이 들어있으며, 그 내용이 어떻게 함축되어 있는 것일까? 여기서 이것을 함께 생각해 보고자 한다.

하나님께서 모세에게 성경을 쓰게 하시고 모세로 하여금 "태초에 하나님이 천지를 창조하시니라" 하는 이 말씀을 창세기가 시작하는 초두에 쓰게 하셨을까? 나는 이 부분에 대하여 그 동안 많은 생각을 해왔다.

모세가 다섯 권의 책을 썼는데 이 다섯권의 책을 모세 오경이라고 한다. 모세 오경은 창세기, 출애굽기, 레위기, 민수기, 신명기까지 모두 다섯 권이다. 이 모세 오경 가운데 창세기는 첫 번째 책이다. 모세 오경 가운데 첫 번째 책이기 때문에 중요할 뿐만 아니라 그 첫 번째 책인 창세기의 첫 줄의 의미는 더더욱 중요하다. 왜냐하면 이것이 모든 성경을 풀어가는 핵심이 되기 때문이다.

따라서, 창세기 1장 1절은 성경 전체의 그림과도 맞아야 하고, 성경의 원저자이신 하나님의 계획과 의도가 그 안에 들어 있어야 하는 것이다. 이것이 여기서 쓰려고 하는 내용의 핵심인 것이다. 단순한 천지 창조에 대한 선포 이상의 의미와 내용을 담고 있다.

모세는 하나님으로부터 성경을 쓰라고 하는 명령을 받고 몇 날 며칠을 고민했을 것이다. 무엇을 먼저 기록할 것인가? 어떤 말로 성경을 시작하여야 성경 전체를 조명하며 나타낼 수 있겠는가? 고민하던 모세는 창세기 1장 1절을 서두로 잡았던 것이다.

모세가 오경을 쓸 때는 시간적으로 볼 때 창조로부터 상당한 시간이 흐른 뒤였다. 하나님께서 만드신 인간이 에덴에서의 범죄로 인하여 추방당한 사건마저도 까마득한 옛날이었으며 그들의 기억 속에서 희미해져 가고 있던 때였다. 아담의 후예들은 세상에서 그들의 영역을 확장하며 나름대로 살아가고 있었다. 이들은 이미 아담의 타락으로 인하여 사단의 수하에서 종노릇하고 있었다. 이런 상황에서 하나님께서 모세를 통하여 성경을 쓰게 하시며 사람들에게 들려 주실 말씀은 무엇이겠는가? 이것을 모세는 생각하고 알아내어서 후세 사람들에게 알려야 할 책을 써야 했던 것이다.

하나님의 소유권 주장

모세는 생각 끝에 창세기 1장 1절의 내용을 생각한 것이다. 힘들고 어려운 상황에 있는 사람들에게는 희망과 소망을 주는 위로의 말이 필요하듯이 모세는 하나님의 백성들에게 단순하고 명쾌한 답을 주기 원했던 것이다. 따라서 이 말씀은 단순히 하나님께서 천지를 만드셨다는 하나님의 창조만을 말하고 있는 것이 아니다. 이 말씀은 하나님께서 천지만물을 만드셨다는 말씀을 포함하고 있는 말씀이다.

또한, 천지만물뿐만이 아니라 나와 여러분도 하나님께서 만드셨다는 것이다. 따라서 여기서 하나님이 말씀하고 싶으신 것은 자신의 소유권이다.

너희의 주인은 사단 마귀가 아니라 나 하나님 내가 너희의 주인이시라는 것이다. 내가 너희의 원주인임을 결단코 잊어서는 안 된다. 그리고 내가 반드시 너희를 되찾아 오겠다. 내가 너희를 만든 주인이니까 조금만 참아라. 반드시 찾아서 내 앞에 세우겠다는 말씀인 것이다. 그러면서 그 내용을 세세히 하나님께서 모세로 하여금 써나가도록 하신 것이다.

하나님이 말씀하시는 내용을 추론해 보면, 어느날 하나님의 소유이던 사람과 천지만물이 하나님이 만드신 인간의 범죄로 인하여 사단의 소유가 되었다는 것이다. 그것을 다시 되찾으려는 역사가 성경의 역사이며, 이 하나님의 계획과 역사하심이 창세기에서 요한계시록까지 흘러가고 있는 것이다.

여기에 대항하는 사단의 세력을 성경을 통하여 우리는 볼 수 있다. 사단이 자기의 소유물을 빼앗기지 않으려고 얼마나 몸부림을 치는지 그 역사의 대장정을 살펴보려고 한다. 결국 하나님께서 예수님을 통하여 십자가의 구속을 이루게 하시고 십자가 위에서 "내가 다 이루었다"라고 선포케 하셨지만 이것은 시작일 뿐이었다.

하나님께서 마지막 책인 요한계시록에서 모든 것을 회복하시고 완전한 승리를 선포하시기까지 시간은 아직도 멀다. 그러나 이미 이 전쟁은 이긴 전쟁이다.

제 2차 세계대전이 연합군의 노르망디 상륙작전으로 전세가 완전히 역전되었다. 이 상륙작전으로 이미 전쟁은 연합군 쪽으로 승리의 가닥이 잡혔다. 그럼에도 불구하고 아직 독일군들은 산발적인 저항을 하고 있었다. 아직 전쟁이 끝나지는 않았지만 이미 이긴 전쟁인 것이다.

이것처럼, 하나님의 역사하심도 아들이 오셔서 십자가를 지심으로 승리의 교두보가 놓여졌지만 사단의 세력을 완전히 무저갱에 집어넣고 승리의 선포까지는 아직도 시간이 약간은 남아 있다. 이렇게 되어 우리를 되찾아 오시기까지 결코 포기하지 아니하시겠다는 하나님의 의지를 보여 주시고 계시며, 이러한 하나님의 은혜로 우리가 하나님의 자녀가 된 것이다. 이러한 그림의 전체적인 면을 창세기 1장 1절 이 한 절에서 우리에게 보여 주고 있다.

하나님은 나의 주인이시다

하나님이 이 말씀을 하신 것은 사단이 자기의 소유임을 주장하는데 대하여 하나님께서 원래의 소유주가 하나님 자신이심을 증명하고 있다. 또한 다시는 사단이 자기의 소유임을 주장하지 못하게 할 뿐만 아니라 나와 여러분에게 하나님만이 나의 주인이심을 보여 주고 계신 것이다.

예를 들어서, 여러분이 집을 한 채 가지고 있다고 하자. 어떤 사람이 당신에게 "이 집이 당신 집이 맞습니까?"하고 물어 보지도 않았는데, 여러분이 먼저 나서서 "이 집은 내 집입니다. 내 집이 정말 맞습니다. 내가 몇 년 전에 돈 오천만원을 주고 산 내 집입니다. 이 집이 정말 내 집입니다. 믿어주세요"라고 한다면 사람들은 당신이 이상하다고 여길 것이다. 누가 묻지도 않았는데 "내가 집을 한 채 가지고 있고 내가 돈을 주고 산 집"이라고 말하겠는가? 아무도 그러지 않는다. 그렇다면 언제 내 집에 대한 소유권을 주장하는가? 어느 날 누군가가 불쑥 찾아와서 나의 소유인 집을 마치 자기 것인 것처럼 말을 한다면 여러분은 가만히 있겠는가? 아니다. 적극적으로 나서서 자기의 소유임을 증명하게 될 것이다.

이처럼, 하나님께서 창조한 모든 것을 사단이 마치 자기 것인 것처럼 주장하는 것을 하나님께서 두고 보실 수 없어서 자신의 소유임을 주장하시며 앞으로의 계획도 보여 주고 있는 것이다.

아담의 범죄로 인하여 피조세계가 타락하여 사단에게 소유권이 이미 넘어가 있는 상태이지만 하나님께서는 창세기 1장 1절의 선포를 통하여 잃어버린 것들을 반드시 찾아오시겠다는 하나님의 뜻을 우리에게 보여 주고 있다.

이 계획이 다 이루어지기까지 하나님은 일하고 계신다. 요한복음 5:17 "예수께서 저희에게 이르시되 내 아버지께서 이제까지 일하시니 나도 일한다 하시매"라고 하셨다.

4. 하나님은 창조주이시다

●○

"만물이 그로 말미암아 지은 바 되었으니 지은 것이 하나도 그가 없이는 된 것이 없느니라"
(요 1:3)

이 세상에 존재하는 모든 것들은 그것을 만든 사람이 있다. 피아노, 자동차, 옷장, 냉장고, 책상 등은 모두 만든 사람이 있다. 예를 들어 책상을 보면 누군가가 마음속으로 공부를 하거나 책을 볼 때 필요한 책상을 만들어야 하겠다고 계획을 하고 마음속에 있던 구상을 그림으로 그린다. 그리고 거기에 필요한 재료를 구하기 위하여 산에 올라가 필요한 나무를 고르고 그 나무를 자른다. 그리고 그 자른 나무를 다시 송판으로 켜고 크기를 결정하여 재단을 해서 못을 박아 하나하나 붙여서 책상을 만든다. 이처럼 책상이 필요하다고 생각해서 만든 사람이 있다.

책상이 만들어진 것처럼 어떤 물건이든지 필요에 의하여 누군가에 의해서 만들어졌고 지금도 만들어지고 있다. 이 모든 것은 만든 사람이 주인이다. 뿐만 아니라 만든 내용 하나하나를 자세히 설명할 수 있는 것이다.

책상을 만든 사람의 경우 그 사람이 설명한다면 이 책상의 나무는 열대림에서 자란 나무가 크고 넓고 튼튼하고 좋아서 이런 나무를 재질로 사용하였고, 전기톱으로 나무를 잘랐으며 제재소에 가서 송판으로 켜서 그것을 사이즈에 맞게 잘라서 못을 박아서 모양을 잡고 그 판에 칠을 하여 책상을 만들었다고 설명을 할 수가 있다. 그러나 그 책상을 사다가 쓰는 사람은 그 책상을 쓰기는 써도 만든 과정을 설명하지 못하는 것이다.

창세기 1장 1절 이하를 자세히 보면 하나님께서 창조하신 과정에 대한 전체적인 그림이 나타난다. 1절에서 선포하신 하나님께서 2절 이하를 통해서 창조의 내용을 설명하고 있다. 이것을 나의 방식으로 설명하자면 이렇게 할 수 있다.

"하나님인 내가 천지만물을 만들었다. 봐라 맨 처음의 세상은 땅이 땅 같지 않았었지. 아주 뒤죽박죽이고 있어야 할 것도 없고 깜깜해서 아무것도 보이지 않았었다. 그래서 내가 빛을 먼저 만들었지 그랬더니 세상이 조금씩 조금씩 보이기 시작했고 그 때까지 있었던 어둠은 도망을 쳤단다. 이것이 첫째 날의 역사란다."

이렇게 써 내려간 내용이 창조 6일의 역사인 것이다. 하나님의 창조는 중조론을 주장하는 사람들과 같이 두 번의 창조로 된 것이 아니라

단 한 번에 이루어진 것이다.

물론 물질세계의 창조이전에 영적 세계의 창조가 있었지만 여기서는 물질세계의 창조면에서만 이야기하는 것이다. 다시 돌아가서 2절은 창조 이전의 원래의 상태를 말하고 있는 것이다.

창조하신 분만이 창조에 대한 모든 것을 설명할 수 있다. 하지도 않은 창조에 대한 것을 누가 어떻게 설명할 수 있겠는가? 천지 만물을 창조하신 창조주 하나님이 직접 설명한 내용을 창세기 1장에서 자세하게 보여 주고 있는 것이다. "얘들아 내가 모든 만물을 만들었느니라. 봐라 내가 자세히 설명해 줄 테니 잘 들어라. 첫째 날은 내가 빛을 만들었고……, 둘째 날은 궁창을 나누었고……, 셋째 날은……." 하시면서 하나님은 자신의 창조하심을 세세하게 우리에게 설명하고 계신 것이다.

하나님은 창조주이시며 모든 만물의 주인이시며 이 세상의 주관자이시다. 바울 사도는 로마서 11장 36절에서 "이는 만물이 주에게서 나오고 주로 말미암고 주에게로 돌아감이라 영광이 그에게 세세에 있으리로다"고 하셨다. 우리는 피조물로써 하나님의 영광을 위하여 창조된 것이다. 따라서 피조물의 본분을 다하는 것이 중요하다. "무릇 내 이름으로 일컫는 자 곧 내가 내 영광을 위하여 창조한 자를 오게 하라 그들을 내가 지었고 만들었느니라"(사 43:7)

누군가가 만들었다 할지라도 그것의 소유권을 넘길 수 있다. 만일 내가 집을 가지고 있다 할지라도 이 집이 내 소유가 되기 위해서는 여러 가지가 충족이 되어야 하는 것이다. 즉 재산상의 불이익이 발생하는 사고가 나지 않아야 하는 것이다.

만일, 사업을 하던 사람이 사업이 부도가 나면 자기의 소유를 다 빼앗기고 거리로 쫓겨나게 된다. 이것은 내가 잘못해서 일어난 일이니까 그렇다고 치자. 다른 경우는 내가 친구를 위하여 보증을 선 경우이다. 친구를 믿고 신뢰하니까 내가 그 친구를 위하여 내 집을 담보로 하여 재정보증을 서 주었다. 그런데 그 친구가 잘못하여 사업이 실패하면서 채무변제가 어려워졌다. 그럴 때 채무자들이 그 친구가 아닌 보증을 선 나에게 채무변제를 요구하며 내 집을 가압류할 것이며, 재판절차에 들어가 내가 빚을 갚지 못하면 내 집을 빼앗기게 되는 것이다.

이것처럼 하나님께서도 아담에게 맡겨놓은 것을 아담이 죄를 지으므로 하나님의 소유인 피조세계가 사단에게로 넘어간 것이다. 이것을 사람들에게 밝히시고 원소유주가 하나님이심과 이 세계가 하나님의 창조로 이루어졌다는 것과 내가 반드시 다시 찾아와 나의 소유를 만들겠다는 창조주 하나님의 뜻을 보여 주고 있다.

5. 창조와 구속의 관계

●○

"만물이 그에게 창조되되 하늘과 땅에서 보이는 것들과 보이지 않는 것들과 혹은 보좌들이
나 주관들이나 정사들이나 권세들이나 만물이 다 그로 말미암고 그를 위하여 창조되었고
또한 그가 만물보다 먼저 계시고 만물이 그 안에 함께 섰느니라"(골 1:16-17)

하나님께서 6일간의 창조를 통하여 세상을 만드시고 그 세계를 관
리하고 다스릴 인간을 만드셨다. 하나님께서 행하신 창조를 통하여 하
나님의 계획을 구체적으로 이루어 나가셨다. 그러나 자유의지를 주시
고 자유롭게 사용하도록 만들어진 아담의 범죄로 인하여 하나님의 계
획은 결과론적으로 창조에서 구속으로 나타나게 되었다. 창조를 통한
하나님의 역사는 창조에서부터 바벨탑 사건까지 나아가며 바벨탑 사
건으로 인하여 종지부를 찍게 되면서 곧 바로 하나님의 구속사건인 아
브라함을 부르시는 것으로 이어진다. 그런 면에서 창세기 11장은 창
조와 구속의 분수령이다.

창조와 구속은 같은 그림이다

창조와 구속의 이 두 그림은 하나님의 구속의 다른 표현이지만 내

용은 같으며, 이 둘은 같은 방향과 같은 모습을 가지고 있다. 따라서 창조와 구속은 하나의 그림인 것이다. 창조도 그렇고 구속도 그렇듯이 다 같은 하나님의 역사이다. 또한 창조도 하나님의 은혜이며, 구속도 하나님의 은혜로 된다. 창조는 하나님의 만드심이며, 구속은 하나님의 부르심이다.

창세기의 전반부는 하나님의 창조를 말씀하고 있지만 후반부로 가면 하나님의 구속, 곧 아브라함과 이삭과 야곱 그리고 요셉을 통한 부르심을 보여 주고 있다. 만일 창조와 구속 이 두 개가 같은 그림이라면 창조 속에 하나님의 구속의 그림이 숨어 있을 것이다. 이것을 살펴보고자 한다.

창조 6일의 역사는 세상 속에 들어오신 하나님이 만드신 세속사이다. 이 세속사는 인류를 구원하시는 구속사와 함께 맞물려 있다. 이 창조 6일의 역사는 숨겨진 하나님의 구속사다. 우리가 이것을 간과해서는 안 된다. 창조사는 하나님에 의하여 만들어진 세상의 창조역사이다. 이 창조사는 하나님의 구속을 보여 주는 그림으로서 우리가 세상에서 하나님의 부르심을 받아 하나님의 자녀가 되는 구원의 여정과 같다고 할 수 있다.

우리는 이 구원의 여정을 다른 말로 구원의 서정이라고 한다. 그 내용을 자세히 살펴보자. 창조 6일의 역사가 전 3일은 준비과정으로 첫째 날에 빛을 만드시고, 둘째 날에 궁창 아래의 물과 궁창 위의 물을 만드심으로 하늘이 생겨났다. 셋째 날에 땅과 바다와 풀과 채소와 과목을 만드셨다. 그리고 후 3일은 완성을 보여 주고 있다. 넷째 날 하나님께서는 해와 달과 별을 만드심으로 형체를 가지지 않은 빛이 형체를 가진 빛으로 나타났으며, 다섯째 날에 하늘과 땅 사이에 필요한 생물들을 만드셨다. 물에 사는 생물과 하늘을 나는 새들과 큰 물고기를 만들어 채워 넣으셨다.

마지막 여섯째 날에는 땅의 생물과 육축과 기는 것과 짐승들을 만드시고 마지막으로 사람을 만드셨다. 여기에서 보는 것과 같이 후 삼일은 전 삼일의 창조를 완성하는 작업이었다. 여기서 나타난 하나님의 숨겨 놓은 비밀은 이미 그리스도가 이 땅에 사람의 몸을 입고 오실 것이 예표로 숨겨져 있다는 사실이다.

성경의 창조 6일의 역사 가운데 첫째 날의 역사를 보면 첫째 날의 "빛이 있으라" 해서 생긴 빛은 형체가 없었다. 단순히 빛만 발하던 빛이 넷째 날에 가서는 형체가 있는 보이는 빛인 해와 달과 별 모양으로 나타난 것이다. 이것은 형체도 없이 보이지 않던 하나님께서 사람과 같이 사람의 모양인 육신을 입고 이 땅에 오실 것을 보여 주고 있는 것이다. 이것이 신약에 와서 구약에서 계속적으로 오신다고 하신 예수 그리스도의 성육신하신 모습을 보여 주고 있는 것이다. 이것처럼 창조에 나타난 하나님의 구속은 어떤 것인가? 계속해서 살펴보기로 하자.

6. 창조에 나타난 구원의 서정

●○
"또 미리 정하신 그들을 또한 부르시고 부르신 그들을 또한 의롭다 하시고 의롭다 하신 그들을 또한 영화롭게 하셨느니라"(롬 8:30)

앞에서 살펴본 대로 창조와 구속이 같은 그림으로서 창조에 구속의 그림이 숨어 있다면, 창조 6일 속에 구속을 위한 구원의 서정이 숨겨져 있을 것이다. 우리가 여기서 이것을 살펴보고자 한다.

1) 부르심(소명) – 빛으로 오신 예수님

태초의 세상은 창세기 1장 2절에서 "땅이 혼돈하고 공허하며 흑암이 깊음 위에 있고"라고 한 것처럼 컴컴함과 무질서 그 자체였으며, 분별할 수 없는 상태였다.

우리가 지하 3층에 있는 지하실에서 불이 나갔다고 생각해보자. 앞을 분간할 수 있겠는가? 그보다 더한 상태라고 생각된다. 여기에 가장 필요한 것이 무엇인가? 바로 빛이다. 그래서 하나님께서 첫째 날 빛을 만드신 것이다. 이것은 마치 우리가 하나님을 알지 못하던 과거의 삶을 보여 주고 있는 것이다.

그 때는 어둠 속에서 있으면서도 어둠인 줄 모르고 살던 인생들에게 예수 그리스도가 빛으로 오셔서 우리를 부르심으로 이제는 빛 가운데로 나와서 빛의 자녀가 된 것이다. 에베소서 5장 8절에서 "너희가 전에는 어두움이더니 이제는 주 안에서 빛이라 빛의 자녀들처럼 행하라"고 하셨다. 나를 빛과 같은 존재로 불러 주신 것이다. 이제는 어두움이 아니며, 등불과 같은 존재이다. 등불은 말 아래 두는 것이 아니다. 등경 위에서 멀리까지 빛을 비추어야 한다.

세상 사람들은 우리가 빛이라고 생각하고 있다. 그래서 세상 사람들은 크리스천이 조금만 잘못하면 예수 믿는 사람들이 이러쿵저러쿵 하면서 그러면 되느냐고 말들을 하는 것이다. 자신들은 그렇게 살지 못하면서도 예수님을 믿는 너희는 그렇게 살아야 한다는 것이다. 그것은 우리가 빛의 자녀라고 알고 있기 때문이다. 이것이 세상 사람들이 우리에게 요구하는 빛된 생활인 것이다. 우리는 그리스도를 영접하고 그리스도로 사는 빛의 자녀가 되었다. 이제는 나를 위해서 사는 인생이 아니라 그리스도로 사는 인생이 된 것이다. 잘못하면 주님의 영광을 가리게 되는 것이다.

2) 중생 – 물과 물을 나누심(궁창을 만드심)

세상은 온통 어둠뿐이었다. 그 어둠뿐인 세상에 빛이 와서 세상을 비추지만 보이는 것은 혼돈된, 그리고 뒤죽박죽인 세상만 보였다. 그래서 하나님께서 물과 물을 나누시고 사이에 공간을 만들어 질서정연하게 정리하신 것처럼 우리는 죄 가운데서 출생하였기 때문에 반드시 거듭나야만 한다.

　우리 가정이 지금 살고 있는 곳으로 이사할 때의 일이다. 몇 날 며칠을 이사한다고 이삿짐을 싸는데 잘 싸지지가 않는 것이었다. 나는 날마다 이사를 가기위해 준비하는 것이 책장에 있는 책을 포장 끈으로 묶어 놓는 것이 나의 일과였다. 책을 다 묶어 놓고 이제 이사갈 날이 다가왔다. 이삿날 아침에 여 전도사님이 오시더니

　"목사님 이사준비 다 하셨어요?"

　라고 묻는다.

　"예 다했습니다."

　그랬더니

　"아니 이렇게 해 놓고 다 하셨다고요?"

하시면서 부엌에 들어가 부엌살림을 바구니에, 광주리에, 상자에 주섬주섬 담으셨다. 그리고 이제 이것들을 밖으로 내어 가야 된다고 하시는 것이었다. 한 번도 이사를 해 본적이 없어서 어떻게 해야 하는지 엄두가 나지를 않았는데 전도사님이 와서 하시니 일이 하나 둘 풀려 갔다.

조금 있다가 청년들이 와서 짐을 내어갔다. 뒤죽박죽인 살림을 하나하나 꺼내어 묶어서 하나의 짐으로 만들어 정리하여 차에 실으니 본격적인 이사가 된 것이다. 책만 묶어 놓으면 다 되는 줄 알았는데 아침이 되어 방안을 돌아보니 이사 준비가 된 것이 별로 없었다. 그 동안 무엇을 했는지 참으로 한심스러웠는데 전도사님 덕분에 이사가 잘 끝나게 된 것이다.

요즘이야 이삿짐센터에 맡기기만 하면 손 하나 대지 않고도 다 된다지만 말이다. 제대로 하지 않으면 하나마나이다. 정리가 되니 나르는 사람도 좋은데 펼쳐 있을 때는 아무것도 할 수 없는 것이다.

마찬가지로 중생 이전의 삶은 정리가 되지 않은 풀어헤쳐진 삶이다. 이삿짐 차가 이제 살 집에 도착하여 장롱은 장롱대로, 침대는 침대대로 자리를 하나하나 잡아가면서 정리가 되어가는 것이었다. 있어야 할 곳에 집어 넣는데 문제는 공간이 좁아서 애를 먹는 경우도 있었다.

이와 같이, 우리가 그리스도 안에서 새롭게 거듭났어도 세상적인 것들이 정리되어지기까지는 시간이 걸린다. 그러기 위해서는 우리가 거듭나는 것이 우선되어야 한다. 거듭나야지 예수님의 생명 안으로 들어가게 되는 것이다. 요한복음 14장 6절에서 "예수께서 가라사대 내가 곧 길이요 진리요 생명이니 나로 말미암지 않고는 아버지께로 올 자가 없느니라"고 하셨다. 우리가 예수님을 나의 구주로 고백하고 영접하고 믿었지만 그것으로 다 되는 것이 아니다.

세례를 받아야 하나님의 백성이 되는 것이다. 세례에는 물 세례와 불 세례인 성령 세례가 있다. 물 세례는 우리가 잘 아는대로 교회에 나와서 목사님에게 받는 세례를 말하며, 성령 세례는 우리가 예수 그리스도를 구주로 영접하게 되면 위로부터 성령이 임하게 되는데 이것을 성령 세례라 한다. 이 성령 세례를 느끼는 사람은 아주 극소수의 사람들이고 대다수의 사람들은 느끼지 못한다. 성령 세례와 물 세례는 순서가 없다. 동시에 나타날 수도 있고 그렇지 않을 수도 있다. 오히려 그렇지 않은 경우가 더 많다.

성경이 보여 주는 세례의 의미는 신앙의 울타리로서 이제 하나님이 보호하시는 울타리 안으로 들어왔음을 보여 주는 것이다. 우리가 세례를 받음으로 세상과 단절되고, 그리스도 안에서 새 생명을 받음으로 내 안에 질서가 잡히면서 온전한 새사람이 되는 것이다. 우리가 세례를 받을 때 물로 세례를 베풀듯이 이스라엘 백성들이 출애굽할 때 애굽에서 나와 홍해를 건너게 되는데 이 홍해를 건넌 것이 영적으로 물 세례를 의미하는 것이다.

창조시에 궁창 위의 물과 궁창 아래의 물이 나뉨으로 그 사이에 생명이 살 수 있는 공간이 형성된 것처럼 우리도 예수님을 영접하고 그리스도 안으로 들어가 세례를 받아야 거듭난 인생이 되는 것이다.

3) 회심 – 물과 뭍으로 구별하심(생명과 사망을 구별)

이제부터는 하나님의 말씀대로 살아야 한다. 그리고 무엇이 불법이고 무엇이 합법인지도 알아야 한다. 왜냐하면 삶이 곧 신앙과 연결되어져 있기 때문이다. 하나님이 인정하시는 삶을 살아야 한다. 그렇지 않으면 징계가 오기 때문이다. 마태복음 7장 21절부터 23절까지 보면 "나더러 주여 주여 하는 자마다 천국에 다 들어갈 것이 아니요 다만 하늘에 계신 내 아버지의 뜻대로 행하는 자라야 들어가리라 그 날에 많은 사람이 나더러 이르되 주여 주여 우리가 주의 이름으로 선지자 노릇하며 주의 이름으로 귀신을 쫓아내며 주의 이름으로 많은 권능을 행치 아니하였나이까 하리니 그 때에 내가 저희에게 밝히 말하되 내가 너희를 도무지 알지 못하니 불법을 행하는 자들아 내게서 떠나가라 하리라"고 말씀하고 있다. 이 내용이 무엇인가?

주님께서는 왜 이 사람들을 모른다고 하시는가? 이 사람들은 지금까지 주님의 이름으로 모든 것을 하였다고 하는데 주님은 왜 이것을 인정하지 않으시는가? 이들은 주의 이름으로 선지자 노릇을 하였으며, 이들은 주의 이름으로 귀신을 쫓아낸 능력자들이었다. 그런데 왜 주님은 모른다고 하시는 것일까?

한 마디로 말해서 이들은 주의 일이라 할지라도 주님 없이 자기 마음대로 한 것이다. 주님의 뜻과는 전혀 무관한 삶을 살았다는 것이다.

내 마음대로 하는 것은 신앙이 아니다. 하늘에 계신 아버지 뜻대로 살아야 하는 것이다. 누구의 이름으로 하던지 그것은 상관이 없다. 오직 아버지의 뜻이 중요한 것이다. 마태복음 7장 21절에서 "나더러 주여 주여 하는 자마다 천국에 다 들어갈 것이 아니요 다만 하늘에 계신 내 아버지의 뜻대로 행하는 자라야 들어가리라"고 한 것을 잊지 말아야 한다.

우리는 우리의 생각을 하나님의 생각으로 알고 행할 때가 얼마나 많은가? '하나님께서 아마 이렇게 하는 것을 좋아하실걸'이라고 하는 생각을 조심해야 한다. "내가 너를 도무지 모른다"고 하실 수 있기 때문이다. 내 생각은 어디까지나 내 생각이지 하나님의 생각이 아니라는 것이다. 절대로 추측하지 말라. 추측은 신앙의 실패를 가져올 수 있다.

누가복음 2장 41절 이하를 보면 예수님과 그 부모가 예루살렘에 올라가 유월절 절기를 다 마치고 집으로 돌아 갈 때의 일이 기록되어 있다. 예수님은 예루살렘에 머물고 계셨는데 예수님의 부모는 이것을 알지 못했다. 이들은 어린 예수가 보이지는 않았지만 동행하는 사람들 가운데 있는 줄로 생각했다. 하룻길을 간 후 찾아보니 예수는 그들 중에 계시지 않아 찾지 못했다. 다시 예루살렘으로 올라가니 성전에서 선생들과 문답을 하고 계신 것이었다.

이것은 우리의 삶을 단적으로 보여 준다. 예수님이 계시지도 않은데 계신 것처럼 착각하고 사는 사람들이 얼마나 많은가? 나는 어떤가? 우리는 살펴보아야 한다. 말로는 주님이 내 안에 계시다고 하지만 정말 내가 내 안에 계신 주님을 만났는가? 만나고 교제하는 그리스도 인이 되어야 한다.

마태복음 6장 63절에서 "너희는 먼저 그의 나라와 그의 의를 구하라 그리하면 이 모든 것을 너희에게 더하시리라"고 말씀하고 있다.

우리는 어떤 사람이 나에게 "신앙생활을 하십니까?" 라고 물어보면 신앙생활을 한다고 말을 한다. 도대체 신앙생활이란 무엇인가? 신앙 생활이란 나 중심의 삶에서 그리스도 중심의 삶으로 바뀌는 것을 말한 다. 중심이 바뀌는 것이다. 중심은 매우 중요한 것이다. 내가 중심을 잡지 못하면 나는 쓰러지고 만다.

이처럼 중심은 버티고 있는 기둥과 같다. 이 기둥이 나에서 하나님 에게로 넘어갔다는 것이다. 그런데 하나님을 섬기면서도 아직 이것이 이루어지지 않았다면 빨리 바꾸어야 한다. 이것이 이루어지면 그때부 터 하나님의 역사가 나타나게 된다. 갈라디아서 2장 20절 "내가 그리 스도와 함께 십자가에 못 박혔나니 그런즉 이제는 내가 산 것이 아니 요 오직 내 안에 그리스도께서 사신 것이라 이제 내가 육체 가운데 사 는 것은 나를 사랑하사 나를 위하여 자기 몸을 버리신 하나님의 아들 을 믿는 믿음 안에서 사는 것이라"하신 말씀과 같이 말씀이 실제가 되 는 것이다.

나는 죽고 그리스도로 사는 삶이 신앙생활이다. 우리는 하나님의 역사와 사단의 역사를 구별할 줄 아는 성도가 되어야 한다. 우리의 영적인 눈이 열려지며 하나님이 주시는 지혜로써 사단의 역사를 깨닫는 성도가 되어야 한다. 그 동안 하나님의 뜻대로 살지 못하고 정욕을 위하여 살던 잘못된 것을 회개하며, 변하여 새사람이 되어야 한다.

4) 신앙의 성장 – 씨가진 채소와 나무

어느 여름 과일 가게에 갔더니 "이 수박은 씨가 없어서 먹기에 참으로 편하고 맛도 좋습니다"라고 가게 주인이 말했다. 우리가 잘 아는 대로 우장춘 박사가 씨 없는 수박을 만들어 냈다. 그런데 이 씨 없는 수박은 먹기에는 편하지만, 목사의 눈으로 볼 때는 성경적이지 못하다. 식물이라는 것은 씨를 통해서 번식해 나가는 것인데 씨가 없으니 어떻게 종자를 보존할 수 있는가?

나는 어렸을 때 서울 왕십리에서 살았다. 그 당시에는 서울에도 동네에 돼지를 키우는 돈사가 있었다. 어느 날 하루 종일 돼지 멱따는 소리가 들렸다. 그래서 어른들에게 물어보니 수컷 돼지가 번식하지 못하게 거세를 하는 것이라고 하셨다. 어려서 자세히 알 수는 없었지만 어른들이 하시는 말씀이 돼지를 거세하면 살이 많이 찌고 남자도 여자도 아닌 돼지가 되어 맛도 좋다는 것이었다. 즉 씨 없는 돼지를 만든 것이다. 종족번식은 하나님의 뜻이다. 계속해서 씨를 퍼뜨려야 하는데 씨가 없으면 무엇으로 종족을 번식시킬 수 있는가?

성경은 생육하고 번성하는 것이 하나님의 뜻이라고 말씀하고 있다. 씨가진 채소와 씨를 가진 나무를 만드신 것은 계속적인 번성함을 말씀하고 있는 것이다. 우리는 이와 같은 하나님의 뜻을 깨달아서 지속적이며 계대적인 신앙의 거장이 되어야 하는 것이다. 나 혼자만의 신앙이 아닌 다른 사람의 신앙도 돌보아 주는 신앙의 거인이 되어야 한다. 자녀도 신앙 안에서 낳아 양육하고 키워야 한다.

그리고 신앙 안에 들어와서 교회생활할 때에 조심해야 할 것이 있다. 우리가 교회의 구성원이 되어 조심해야 할 것은 우리의 경험적 신앙이 신앙의 성숙이 아니라는 것이다. 조금 더 자세히 말하면 우리는 흔히 교회생활을 잘하면 신앙이 좋다고 말하는데 그것이 아니라는 것이다.

새 신자가 교회에 처음 나왔을 때는 성경도 제대로 찾지 못하고 찬송가도 잘 부르지 못한다. 그러나 시간이 지나면서 사도신경도 외우게 되고 주기도문까지도 안 보고 암송할 정도로 익숙해진다. 주일예배 외에도 수요예배, 금요기도회, 구역예배에 열심히 참석한다. 이 모든 예배에 참여하고 예배에 익숙함이 물론 좋은 열심의 모범은 되겠지만 단적으로 말해서 좋은 신앙은 아니라는 것이다. 이것은 능숙해지는 것이다. 반복적으로 하다보면 늘게 되는 것이다.

우리는 그리스도를 닮아가는 성도가 되어야 한다. 그리스도를 닮기 위해서는 훈련이 필요하다. 성숙을 위해서는 마음을 움직이는 훈련이 필요하다. 예배와 교제와 섬김과 전도와 교육을 통해서 다른 사람을 섬기면서 내 안에 있는 육의 성품들을 영의 성품으로 바꿔나가는 것이 필요하다. 날마다 변화를 체험하는 성도가 되어야 한다. 그리하여 좋은 신앙의 본을 보여 주는 성도가 되어야 한다.

5) 성화 – 넷째 날 빛을 만드심(그리스도 안에서의 생활)

성화란 무엇인가? 말을 그대로 풀어보면 성화란 '거룩하게 되어짐'이라고 말할 수 있다. 거룩의 본은 무엇인가? 거룩은 예수 그리스도의 성품을 닮는 것이다. 오늘날 그리스도인이 욕을 먹는 것은 그리스도를 닮지 못했기 때문이다. 만일 누구든지 그리스도를 닮았다면 그는 칭찬받는 사람이 되었을 것이다. 말로는 예수님을 닮았다고 하는데 생활은 그렇지 않기 때문에 사람들은 실망을 한다. 어떤 사람의 신앙을 보면 교회 안에서는 정말 괜찮아 보이는데 밖에만 나가면 달라진다.

어떤 집사님이 "목사님, 처녀들 신앙은 시집을 가봐야 알 수 있어요"라고 했다. 이 집사님이 교회에서 정말 신앙이 좋고 주일 점심 식사 후에는 주방에까지 들어가 설거지를 할 정도로 열심인 여자 청년을 중매를 섰다는 것이다. 믿음이 좋다고 입에 침이 마르도록 이야기를 했는데, 결혼하고 얼마 안 되어 신앙이 시들시들해지더니 남편과 매

주일마다 야구장이나 가고 놀러 다니고 하더라는 것이다. 다 그렇지는 않겠지만 이렇게 안과 밖이 다른 사람이 되어서는 안 된다.

만일 내가 그런 사람이라면, 그럴 가능성이 있다면 교회를 떠나서 살지 말고 일주일 내내 교회 안에서만 살아야 한다. 그래야 거룩하고 경건하게 살 수 있으니까 말이다. 그러나 그럴 수 없다면 반드시 변해야 한다.

어떤 집사님이 자신이 다니는 교회의 목사 사모에게 "사모님은 좋겠어요. 사모님은 훌륭하신 목사님하고 사시니 얼마나 좋겠어요"라고 하자, 이것을 들은 사모가 "그래요! 그러면 어디 한번 모시고 살아보세요"라고 응수했다고 한다. 사람이 살아가는 것이 다 거기서 거기인 것이다. 살아보지 않고는 모른다. 또 어떤 교회의 사모님이 설교가 끝난 목사님에게 "당신은 강단에서만 사셔야 됩니다. 거기서 내려오면 사람이 변하니까요"라고 했다는 이야기도 있다. 아무리 목사님이라고 해도 변화가 쉽지 않다는 것이다.

이것은 우리의 결심만으로는 변화되기가 아주 힘들고 어렵다는 것을 보여 준다. 오히려 내가 결심하고 이것을 지킨다고 해도 문제다. 왜냐하면 내 속에 있는 선한 자아가 발동하기 때문이다. 따라서 좋은 결심은 나의 선한 자아만 키우는 결과가 될 수 있기 때문이다. 이렇게 되어서는 안 되는 것이다. 나는 날마다 결심하고 쓰러지고 그러던 내가 아닌가? 우리는 주님께 맡기고 기도하면서 주님의 역사하심을 기대하여야 한다.

모세가 어떤 사람이었는가? 모세는 육적으로 보면 대단한 사람이었다. 그러나 그대로는 안 되는 것이다. 모세를 광야의 훈련으로 변화시켜 쓸 수 있는 사람으로 만드신 하나님이시다. 이 모세를 변화시킨 하나님이 나를 변화시킬 것이다. 날마다 생활 속에서 그리스도와 동행하며 그리스도 안에서 사는 삶을 살아야 한다. 바울 사도는 이것을 '그리스도 안에서'라고 표현한다. 그래서 사도 바울의 신학은 '그리스도 안에서의 신학'이다. 성령 충만함으로 그분의 뜻을 따라 살아가는 것을 말하는 것이다. 내 뜻과 내 생각을 포기하고 주님을 의지하는 생활을 말한다. 내 중심적 사고에서 하나님 중심적 사고로 바뀌는 삶을 말한다.

6) 성도의 견인 – 하나님의 형상(구속)

하나님께서 택한 성도는 결코 하나님을 떠나서는 살 수 없다. 만일 떠나서 산다면 떠나서 사는 만큼 그는 불행한 삶을 살게 될 것이다. 우리를 구속하신 하나님께서 끝까지 붙들어 주신다. 우리가 길을 가다가 보면 견인차가 뒤에 차를 매달고 가는 것을 보게 되는데 하나님과 나와의 관계가 그렇다는 것이다. 견인된 차는 목적한 곳에 도착하기 전까지는 그리고 차를 견인한 사람이 풀기 전까지는 견인차 뒤에 매달려 있게 된다. 매달린 차가 스스로 풀고 나와서 자기 갈 길을 갈 수는 없는 것이다.

마찬가지로 내 스스로 하나님을 떠날 수 없다. 누군가가 와서 풀어 준다면 몰라도 그냥은 절대로 떠날 수 없으며, 떠나서도 안 된다. 그럼에도 불구하고 떠나게 된다면 그것은 전적인 나의 책임인 것이다. 이것에 대한 책임은 다른 부분에서 언급되겠지만 간단히 말해서 하나님의 공의가 그 책임을 묻게 되는 것이다. 하나님을 믿지 않고 신뢰하지 않았으므로 하나님은 당신을 하나님의 법대로 처벌하신다. 하나님은 절대로 우리와의 관계를 끊지 않으신다. 우리가 스스로 하나님을 떠나는 것임을 잊어서는 안 된다.

성경을 보자. 구약성경에서 계속적으로 하나님이 주장하시는 것이 무엇인가? "너는 내 백성이고 나는 너의 하나님이다"라는 것이다. 이 관계를 위하여 하나님께서 사람을 만드셨고, 부르셨고, 아들을 주시기까지 사랑하신 것이다. 하나님을 하나님으로 인정하는 사람들을 찾고 계시며, 그들을 통해서 하나님의 역사를 이루어 가신다. 하나님은 어떤 방법으로 우리를 이끌어 가고 계시는가? 성령을 통하여 하나님께서 지금도 우리를 이끌고 계신다. 오순절 성령강림 역사로 이 땅에 오신 성령께서 지금 내 안에 계시면서 하나님의 생각과 뜻을 우리에게 가르쳐 주고 계신다. 우리가 영적인 귀와 눈이 어두워서 듣지 못하고 보지 못하는 것이다.

하나님께서는 성령님을 내 안에 두시고 지금도 나를 하나님의 계획과 뜻대로 우리를 이끌어 가고 계신다. 우리는 성령의 음성을 들어야 한다. 그 안에서 하나님의 인도하심을 받는 성도가 되자. 요셉을 보면 하나님의 인도하심을 잘 볼 수 있다. 하나님께서 요셉에게 꿈을 보여 주시고 그 꿈을 이루시고자 요셉을 애굽으로 그리고 절 받는 자리에 나아가기까지 어떻게 역사하셨는가? 이것은 성도를 이끄시는 하나님의 역사를 보여 준다.

① 아버지 야곱이 요셉을 형들에게 보냄

가만히 집에서 잘 놀고 있는 요셉을 야곱이 형들에게 심부름을 보내면서 요셉의 시련은 시작된다. 하나님은 심부름이라는 과정을 통해서 형들에게 요셉을 보내신다. 처음 찾아간 곳에서 형들을 만나지 못하였다. 그냥 되돌아와도 되는데 끝까지 찾아갔다가 형들에게 봉변을 당하게 되었다.

② 미워하는 형들이 미디안 상인들에게 요셉을 팔아버림

동생을 미워하는 형들이 요셉을 죽이려고 웅덩이에 던졌지만 물이 없어서 살아났다. 그러나 미운 마음은 여전하여 꼴보기 싫은 동생을 미디안 상인들에게 팔아버렸다.

③ 미디안 상인들이 요셉을 보디발에게 팔음

형들에게서 은 이십을 주고 산 요셉을 미디안 상인들은 애굽의 보디발의 집에 팔았다. 아버지의 사랑을 받으며 살던 요셉이 졸지에 종이 되어 남의집살이를 해야 하는 신세가 되었다. 그는 성실히 일한 결과 가정의 총무가 되었다.

④ 보디발의 집에서 누명을 쓰고 감옥에 갇힘

그러나 보디발의 집에서 성실하게 일하던 요셉에게 어느 날부터 보디발의 아내의 유혹이 시작되었다. 이것을 뿌리친 요셉에게 보디발은 자신의 아내를 유혹했다는 죄목으로 자신의 집 안에 있는 왕궁 감옥에 가두었다.

⑤ 감옥에서 바로에게로 나아가는 기회를 얻음

요셉은 감옥에서도 그의 성실성을 인정받아 전옥에게 은혜를 입어 마음대로 돌아다니게 되었다. 이런 까닭에 감옥에 있던 여러 사람들의 속사정을 알게 되었다. 그런 과정 속에서 술 맡은 관원장을 만나게 되어 꿈을 해석해 준 일로 바로왕 앞에 나아갈 길을 얻었다.

⑥ 바로 앞에 나아가 꿈을 해석해 주었음

요셉이 들은 바로왕의 꿈은 이 땅에 임할 7년의 풍년과 7년의 흉년에 대한 예고였다. 이 엄청난 환난을 예비할 수 있는 지혜로운 일꾼으로 바로는 요셉을 지목했고 그리하여 요셉이 애굽의 총리대신이 되었다.

⑦ 온 세상이 기근으로 식량난이 일어남

애굽에 식량이 있다는 소식을 듣고 곡식을 사러 형들이 애굽에 왔다. 그때 형들이 요셉 앞에 와 절을 하며 식량을 달라고 하였다.

이와 같이 요셉에게 보여 주신 꿈을 이루시기까지 많은 사람들을 동원하시어 역사를 하셨다. 이 모든 것을 하나님께서 직접 이루어 나가신 것이다. 한 사람, 한 사람의 인생 역사를 직접 쓰시는 하나님이심을 보여 준다. 인생의 주인은 하나님이시다.

이 요셉의 생애 전 과정을 보면 드라마틱한 모습을 볼 수 있다. 지금도 하나님께서는 나와 여러분의 삶을 통하여 한 편의 드라마를 쓰고 계신다. 아름다운 작품이 나올 수 있도록 최선의 삶을 살아야 한다. 이 생에서부터 천국까지 이것이 성도의 견인인 것이다.

7) 영화 – 안식에 들어감으로 누리게 되는 것이다.

우리가 듣는 말 가운데 일 중독이라는 말이 있다. 이것은 사람이 자기나 가정을 돌아볼 겨를도 없이 오로지 일 속에 파묻혀 있거나 일을 좋아하는 경우를 말한다. 심지어 집에 들어올 때도 회사의 일을 가지고 들어와서 밤늦게까지 하고 자는 경우도 있다고 한다. 아이들이 밤늦게 들어오는 아버지를 못 보고 자고 아침에 일어나면 아버지는 벌써 출근하신 후이고 이런 일이 계속 반복적으로 일어난다. 이런 정도의 사람이라면 이것은 심각하다. 일을 우선시 하는 사람들이 나이 먹어서 이혼을 많이 당하는 것을 본다. 일생 동안 가족을 먹여 살리느라 놀지도 못하고 열심히 일을 했는데 다 늙어서 이혼을 하는 황혼 이혼자가 많이 생기고 있다.

일만 열심히 하고 돈만 벌어다 주면 되는 줄 알았는데 그것이 아니라는 것이다. 옛날에는 그것이 당연한 일이었는데 지금은 아니다. 아이들이 필요로 할 때 아이들 곁에 있어 주고 아내가 남편을 필요로 할 때 있어 주는 아버지와 남편을 요구하는 시대이다. 요즘같이 일에 파묻혀 피곤하게 사는 사람들에게는 때때로 쉼이 필요하다.

시편 기자는 시편 90편 9절에서 10절에서 "우리의 모든 날이 주의 분노 중에 지나가며 우리의 평생이 일식간에 다하였나이다 우리의 연수가 칠십이요 강건하면 팔십이라도 그 연수의 자랑은 수고와 슬픔뿐이요 신속히 가니 우리가 날아가나이다"라고 하였다. 고통스럽고 힘들고 어려운 인생이지만 날아가는 것처럼 느껴지는 빨리지나가는 인생이라는 것이다. 이삼십 대가 엊그제 같은데 벌써 머리카락이 희어지고 있는 것이 인생이다. 우리는 이 수고를 다 마친 후에 안식할 수 있는 사람이 되어야 한다.

그러나 진정한 안식은 이 세상에 있는 것이 아니라 하나님 안에 있다. 영원한 안식에 들어가기까지 끝까지 주님을 떠나지 않고 그리스도 안에서 살다가 이 세상에서 죽음을 맞게 되는 성도는 하나님의 나라에 들어감으로 영화롭게 된다. 이것은 이 세상에서 이루어지는 것이 아니라 하나님 나라에서 이루어지는 것이다.

이 땅에서 믿음생활을 잘 하며 하나님의 나라를 위하여 수고한 사람들에게 주시는 상급이다. 우리는 그날을 소망하며 믿음을 잘 지키고 승리하여 주님이 부르시는 그날에 기쁨으로 하나님 나라에 들어가는 성도가 되어야 한다.

예수님께서 인자는 안식일의 주인이라고 하셨다. 하나님의 나라에서의 안식을 꿈꾸며 이 땅에서의 매일 매일이 그리스도 안에서 누리는 영적인 안식일임을 기억해야 한다. 진정한 영혼의 쉼은 그리스도 안에 있다. 지금 이 순간 그리스도를 통하여 진정한 안식인 샬롬의 상태를 체험하라.

7. 하나님의 6일 창조

●○
"너희가 전에는 어두움이더니 이제는 주 안에서 빛이라 빛의 자녀들처럼 행하라 빛의 열매는 모든 착함과 의로움과 진실함에 있느니라"(엡 5:8-9)

나는 성경을 보면서 창조사와 구속사가 같다고 생각하고 그 관점에서 성경을 본 결과 다음과 같은 것을 찾아냈다. 여기서는 창조의 역사를 가진 7일이 세속사와 같다고 하는 관점에서 이 내용을 다루고자 한다.

하나님의 창조는 6일 동안에 이루어졌으며, 제 7일은 안식하셨다. 이것은 세상 역사의 흐름을 보여 주고 있다고 생각한다. 창조시의 7일은 세상의 역사 전체를 보여 준다고 생각한다. 즉 구속사가 세상의 역사를 주관하고 있는 것이다. 지금까지의 역사적 흐름을 보면(구약이 4,000년 + 신약 2,000년 + 천년왕국 1,000년), 이것 때문에 1900년대 말부터 종말론이 극성을 부린 것이 아닌가? 이렇게 보는 중요한 근거가 되는 성경이 베드로후서 3장 8절로 "사랑하는 자들아 주께는 하루가 천 년 같고 천 년이 하루 같은 이 한 가지를 잊지 말라"고 하신 말씀이다.

그러나 그 때와 시는 아무도 모른다.

베드로후서 3장 9절 말씀과 같이 "주의 약속은 어떤 이의 더디다고 생각하는 것같이 더딘 것이 아니라 오직 너희를 대하여 오래 참으사 아무도 멸망치 않고 다 회개하기에 이르기를 원하시느니라"고 하심으로 사랑에 근거한 하나님의 참으심인 것이다. 우리는 우리의 삶을 종말의 시간표에 초점을 맞출 것이 아니라 날마다 생활 속에서 종말을 준비하는 자세가 필요한 것이지 그 날과 그 시를 아는 것이 중요하지는 않다.

종말을 맞이하는 우리의 자세는 어떠해야 하는가?

1) 잘 살아야 한다(하나님의 뜻 안에서).

2) 잘 믿어야 한다(신앙의 문제).

3) 잘 죽어야 한다(내세를 바라보는 삶).

4) 현실에서 그리스도의 제자가 되어야 한다 - "나는 마음이 온유하고 겸손하니 내게로 와서 나의 멍에를 메고 내게 배우라"

편하게 믿는 것이 잘 믿는 것이 아니다. 적절한 멍에를 메는 생활을 하여야 한다. 진정한 신앙은 하나님과의 관계를 유지하며 사명을 감당하는 것이다. 그리고 평상시 생활 속에서 주님을 자연스럽게 만나는 것이다. 성경은 우리에게 교훈하기를 "둘이 밭을 갈다가 하나는 버려둠을 당하고 하나는 데려감을 당할 것이요"(마 24:40), "두 여자가 매를 갈다가 하나는 버려둠을 당할 것이요 하나는 데려감을 당할 것이라"
(마 24:41)고 하였다.

평상시는 아무렇게나 살다가 주님 오신다고 하니까 갑자기 잘 믿는
것처럼 부산떨고 다니는 그런 것을 원하시는 것이 아니다. 결과도 중
요하지만 과정도 중요하다. 하나님은 과정을 보신다. 따라서 한번만
잘하면 되는 것이 아니고 날마다 주님과 동행하는 삶을 살다가 주님이
오시면 만나면 되는 것이다. 지금도 주님은 내 안에 계신데 어디서 찾
고 있는가? 그 주님과 날마다 동행하는 성도가 되어야 한다.

결론적으로 세상의 역사는 주님의 시간표대로 흘러가고 있다. 사천
년이 지나가고 육천 년이 지나가는 것이 중요한 것이 아니다. 언제든
지 세상의 종말이 올 수 있다. 조금 지나서 올 수도 있고 훗날에 올 수
도 있다. 미혹의 영에 미혹되지 말자. 유혹의 영에도 사로잡히지 말고
승리하자. 언제나 유비무환의 자세로 종말론적인 사고를 가지고 믿음
안에서 사는 것이 중요하다.

8. "태초에" (창 1:1)

●○

"주여 주는 대대에 우리의 거처가 되셨나이다 산이 생기기 전, 땅과 세계도 주께서 조성하시기 전 곧 영원부터 영원까지 주는 하나님이시니이다"(시 90:1-2)

어렸을 때 할머니 앞에 모여 앉아서 옛날이야기를 들을 때가 있었다. 할머니의 이야기는 꼭 '옛날에 옛날에' 하고 시작되었다. 이처럼 성경의 시작도 '태초에' 라고 말씀하는데 이것은 세상 역사의 시작 곧 하나님의 개입을 말하는 것이다. 하나님의 창조로 역사가 시작되었다.

성경을 보면 "태초에"라는 단어가 세 번 나온다. 창세기 1장 1절, 요한복음 1장 1절, 그리고 요한 일서 1장 1절에서 찾아볼 수 있다. 창세기 1장 1절은 인류의 시작을 말하고 있고, 요한복음 1장 1절과 요한 일서 1장 1절은 영원 전의 영원한 역사의 시작을 말함으로 인류 역사 이전의 태초를 말하고 있다.

태초(인류 역사의 시작)		종말
태초 영원한 세계		영원한 세계

창세기 1:1 "태초에 하나님이 천지를 창조하시니라"

요한복음 1:1 "태초에 말씀이 계시니라 이 말씀이 하나님과 함께 계셨으
니 이 말씀은 곧 하나님이시니라"

요한일서 1:1 "태초부터 있는 생명의 말씀에 관하여는 우리가 들은 바요
눈으로 본 바요 주목하고 우리 손으로 만진 바라"

즉 영원 전부터 계신 하나님께서 역사 속으로 들어오셔서 창조사역
을 시작하시면서 인류 역사는 시작되었다. 하나님의 창조 6일의 역사
를 통해서 인류가 역사 속에 존재하게 된 것이다.

역사의 중심이신 예수님

역사를 영어로 히스토리(History)라고 하는데 이 말은 His와 Story가
합쳐져서 된 합성어로서 '그의 이야기'라는 뜻이다. 여기서 '그'라고
하는 분은 예수 그리스도를 말하고 있다. 역사가 무엇인가? 바로 그의
이야기이다. 역사는 즉 예수 그리스도의 이야기인 것이다.

우리가 역사를 말할 때 항상 B.C.와 A.D.로 구분하는데 이것은 예수 그리스도의 출생을 기점으로 한 것이다. 즉 예수님께서 이 땅에 오신 그 때를 기준으로 하여 나눈 것이다. 그래서 B.C.는 Befor Christ라고 해서 '그리스도 이전'이라는 뜻이고, A.D.는 Anno Domini라고 해서 '그리스도, 기원, 서기'라는 뜻이다. 이 말들의 약자로 B.C.니 A.D.니 하는 것이다. 예수 그리스도의 출생을 중심으로 역사가 기원 전과 기원 후로 나눠지고 있다.

이와 같이 역사의 중심에 예수 그리스도가 있으며, 따라서 역사란 예수 그리스도의 이야기라고 할 수 있다.

역사의 주인이신 예수님

B.C.와 A.D.라고 하는 용어를 살펴본 결과 역사의 주인은 예수님이심을 보여준다. 큰 의미에서 역사하면 예수 그리스도를 중심으로 흘러가는 인류의 역사를 말하는 것이다.

이것을 작은 의미에서 생각해보면 한 사람의 인생으로 볼 수가 있다. 한 사람의 인생 속에서도 예수님은 중심적인 역할을 하고 있는 것이다. 지금 나는 어떤가? 주님이 내 개인의 인생 속에서 중심적인 역할을 하고 계시는가? 내 인생은 작은 역사이다. 그 작은 역사의 주인공은 예수님이시다. 내 안에 계신 주님으로 써 나가는 인생사가 되어야 한다.

창세기 1장 1절에 "태초에 하나님이 천지를 창조하시니라"고 하셨다. 이 말씀과 같이 하나님은 창조주이시다. 세상을 말씀으로 창조하셨다. 신약성경 요한복음 1장 1절에 "태초에 말씀이 계시니라 이 말씀이 하나님과 함께 계셨으니 이 말씀은 곧 하나님이시니라"고 말씀하고 있다. 여기서 말씀은 성자 하나님이시다. 즉 그리스도가 창조자이심을 밝히고 있는 것이다. 요한복음 1장 3절을 보면 "만물이 그로 말미암아 지은 바 되었으니 지은 것이 하나도 그가 없이는 된 것이 없느니라"고 하였다. 이것을 보면 나는 그리스도에 의해 만들어진 피조물이다.

그리스도 안에 있던 우리

에베소서 1장 4절에 "곧 창세 전에 그리스도 안에서 우리를 택하사", 그리고 에베소서 1장 5절에 "예수 그리스도로 말미암아 자기의 아들들이 되게 하셨으니"라고 해서 우리가 이 세상에 오기 전에 우리는 그리스도 안에 있던 사람들이라고 말씀하신다.

우리의 고향은 바로 그리스도 안이었다. 그러던 우리가 아담 안에 씨로 넣어졌고 그 씨가 조상의 혈통을 따라 내려오다가 아버지를 통해서 출생하게 된 것이다. 이 세상에서 예수 그리스도를 믿음으로 다시 예수 그리스도 안으로 들어갔다가 주님과 함께 천국 본향으로 돌아가게 되는 이치이다.

이 역사의 수레바퀴를 돌리시는 분이 하나님 곧 그리스도이시다. 그리스도에게 모든 것을 맡기는 것이 지혜자인 것이다. "내게 능력 주시는 자 안에서 내가 모든 것을 할 수 있느니라"(빌 4:13).

우리는 독립적인 존재가 아니다. 우리는 주 안에서 주님과 함께, 그리고 주님으로 사는 종속적인 존재이며, 주님 안에 있을 때 우리는 진정한 평안을 누릴 수 있다. 예수 그리스도에게서 독립하라고 우리를 꾀는 것은 사단의 역사다. 아무도 필요치 않고 나 혼자서 살 수 있다고 하는 것, 내가 모든 것을 할 수 있다고 하는 이것은 교만이다.

우리는 주님이 필요한 존재들이다.

우리가 할 수 있는 것은 아무것도 없다.

내 삶에 주님을 인정하는 것이 믿음이요 신앙인 것이다.

내 인생의 주인은 주님이시다.

임마누엘이 무슨 뜻인가?

내가 너와 함께 하겠다 아닌가?

하나님께서는 지금 나와 함께 하시길 원하신다.

그 주님이 정말 내 안에 계시는가?

그 주님을 나는 언제 만났는가?

9. 하나님의 형상으로 만들어진 사람

●○
"하나님이 가라사대 우리의 형상을 따라 우리의 모양대로 우리가 사람을 만들고 그로 바다의 고기와 공중의 새와 육축과 온 땅과 땅에 기는 모든 것을 다스리게 하시고 하나님이 자기 형상 곧 하나님의 형상대로 사람을 창조하시되 남자와 여자를 창조하시고"(창 1:26-27)

사람이 무엇인가를 만들 때는 필요와 목적을 가지고 만든다. 반드시 사용할 용도에 맞춰서 크기와 내용을 달리하는 것이다. 어떤 사람이 집을 지을 때에 종이에다 설계도를 먼저 그린다. 그 설계도 안에 방은 몇 개를 만들며, 화장실은 어디에, 다용도실은 어디에, 그리고 아이들 방은 어떻게 하면서 나름대로 구상을 하여 설계도를 그려 나가게 되는 것이다. 사는 데 필요한 것들을 구성물로 하여 지어 나간다. 집을 짓는 데도 그럴진대 하물며 사람을 지으시는 하나님께서 아무렇게나 짓지는 않으셨을 것이다. 그 내용을 한번 살펴보자.

왜 하나님께서 사람을 하나님의 형상으로 만드셨는가? 아무 이유도 없이 만드신 것은 아닌 것 같다. 그러면 성경에 나타난 하나님의 뜻은 무엇인가? 에베소서 1장 4절에서 6절을 보면 "곧 창세 전에 그리스도 안에서 우리를 택하사 우리로 사랑 안에서 그 앞에 거룩하고 흠이 없게 하시려고 그 기쁘신 뜻대로 우리를 예정하사 예수 그리스도로 말미암아 자기의 아들들이 되게 하셨으니 이는 그의 사랑하시는 자 안에서 우리에게 거저 주시는 바 그의 은혜의 영광을 찬미하게 하려는 것이라"고 말씀하고 있다. 그렇다면 우리는 창세 전에 이미 그리스도 안에 있었다는 말씀이다. 그런 우리를 하나님의 형상으로 만드신 것은 당연한 일이다.

그러나, 우리가 그리스도 안에 있어서 하나님의 형상으로 만든 것이 아니라 고린도후서 4장 4절 말씀을 보면 "그 중에 이 세상 신이 믿지 아니하는 자들의 마음을 혼미케 하여 그리스도의 영광의 복음의 광채가 비취지 못하게 함이니 그리스도는 하나님의 형상이니라"고 하였고, 또 골로새서 1장 15절에서도 "그는 보이지 아니하시는 하나님의 형상이요 모든 창조물보다 먼저 나신 자니"라고 한다. 창세기에서 말하고 있는 하나님의 형상은 본래는 그리스도의 형상인 것이다.

그러면, 그리스도의 형상으로 사람을 만드신 이유는 신약에 와서야 밝혀지게 되는데 그리스도께서 우리 안에 오시기 위하여 이미 창조 때에 사람을 그리스도의 형상으로 만드신 것이다. 그리스도께서 영으로 우리 안에 오셔서 우리를 통치하고 다스리시기 위하여 하나님께서 사람을 하나님의 형상 곧 그리스도의 형상으로 만드신 것이다.

그렇다면, 성경에서 말씀하고 있는 것과 같이 하나님의 원하심을 따라 우리의 몸을 성령의 전으로 드리는 것이 마땅한 것이다. 고린도전서 6장 19절에서 "너희 몸은 너희가 하나님께로부터 받은 바 너희 가운데 계신 성령의 전인 줄을 알지 못하느냐 너희는 너희의 것이 아니라"고 하셨다. 우리의 몸은 온전한 성전이 되어 하나님께 영광을 돌려야 한다.

10. 창조 6일 역사의 결론

●○

"내가 항상 주와 함께 하니 주께서 내 오른손을 붙드셨나이다 주의 교훈으로 나를 인도하시고 후에는 영광으로 나를 영접하시리니 하늘에서는 주 외에 누가 내게 있으리요 땅에서는 주밖에 나의 사모할 자 없나이다"(시 73:23-25)

창세기의 창조가 보여 주는 것은?

창세기의 창조는 나에 대한 가치관과 정체성을 발견하게 한다.

사람이 자기 정체성과 가치관을 발견하지 못하면 목표가 없는 삶을 살 수밖에 없다. 바울 사도가 사도행전 20장 24절에서 "나의 달려갈 길과 주 예수께 받은 사명 곧 하나님의 은혜의 복음 증거하는 일을 마치려 함에는 나의 생명을 조금도 귀한 것으로 여기지 아니하노라"고 할 수 있었던 것은 신앙 안에서 자신의 정체성과 가치관을 재정립한 사도 바울만의 고백인 것이다.

어떠한 사람이든지 그 사람을 지탱하는 두 개의 기둥이 있는데 하나는 가치관이요 또 하나는 정체성이다. 올바른 가치관과 확고한 정체성만 있다면 그 사람은 대단한 사람이요, 미래가 있는 사람이다. 성경을 통하여 올바른 가치관과 정체성을 확립해 나가야 한다.

1) 나는 누구인가?

① 나는 선택받은 하나님의 피조물이다.

하나님의 창조를 보면 말씀으로 세상을 창조하시고, 창조하신 것들을 나누시고 구별하신 후 다시 선택하심을 보여 준다. 이와 같은 과정을 통하여 하나님께서 고르고 뽑은 '나'라는 것을 보여 주고 있다. 성경의 역사를 보면 하나님께서 우주만물을 창조하시고, 창조하신 피조물 가운데 인간을 택하시고, 그 인간들 가운데서 유대인을 택하시고, 유대인들 가운데 레위인을 택하시고, 레위인들 가운데서 제사장을 택하시고, 제사장들 가운데서 대제사장을 택하여 하나님의 성소에 들어가게 하셨다. 하나님의 선택이 넓은 것으로부터 점점 좁아지고 있는 것을 우리는 볼 수 있다. 대제사장은 그리스도를 예표한다. 또한 좁아진 것이 예수 그리스도부터 다시 넓게 퍼져나가는 것을 볼 수 있어야 한다. 이것이 아들을 통한 하나님의 구속의 원리다.

(천지만물 – 인간 – 유대인 – 레위인 – 제사장 – 대제사장 – 예수 그리스도 – 12명의 제자 – 70명의 전도대 – 120명의 기도자 – 3,000명이 회개하고 돌아옴 – 5,000명이 구원받음 – 이방인의 구원……)

이런 패턴이 성막에서도 나타난다. 성막을 중심으로 할 때, 맨 바깥 뜰이 이방인의 뜰로서 이방인들은 이곳까지는 들어올 수 있으나 그 이상은 안 되며, 그 안에 있는 뜰이 유대인의 뜰로서 유대인들은 이곳까지 들어올 수 있으나 그 이상은 용납되지 않았다. 더 안쪽으로 들어올 수 있는 사람은 성막 안에서 일하는 레위인들이었으며, 제사장은 성소까지는 들어올 수 있었으며, 제사장들 가운데서 대제사장만이 지성소에 그것도 일 년에 단 한 번밖에 들어갈 수 없었다.

이와 같이 하나님께서 구약에서 고르고 뽑은 사람들을 통하여 하나님을 만날 수 있도록 하셨지만, 지금은 예수님을 통하여 누구든지 지성소에 들어갈 수 있는 은혜를 우리에게 주신 것이다. 우리는 하나님의 특별한 은총을 입은 하나님의 사람이다. 자부심을 가지고 당당하게 살아야 한다.

② 나는 하나님의 소유이다.

"태초에 하나님이 천지를 창조하시니라"(창 1:1)

이 말씀은 하나님께서 천지 만물을 만드셨다는 말씀이다. 또한 천지 만물만이 아니라 나도 하나님께서 만드셨다는 것이다. 따라서 하나님께서 여기서 말씀하고 싶은 것은 자신의 소유권을 주장하고 계신 것이다. 나는 하나님의 것으로 하나님의 영광을 위하여 살아야 한다.

지금도 나 하나를 차지하기 위해서 얼마나 치열한 영적 싸움이 일어나고 있는지 우리는 알아야 한다. 사단이 나를 자기의 소유물로 삼기 위하여 갖은 방법을 총동원하고 있다. 우리는 하나님의 소유된 백성으로 하나님의 거룩한 병기로 사용되어야 한다. 출애굽기 19장 4절로부터 6절까지 보면 "나의 애굽 사람에게 어떻게 행하였음과 내가 어떻게 독수리 날개로 너희를 업어 내게로 인도하였음을 너희가 보았느니라 세계가 다 내게 속하였나니 너희가 내 말을 잘 듣고 내 언약을 지키면 너희는 열국 중에서 내 소유가 되겠고 너희가 내게 대하여 제사장 나라가 되며 거룩한 백성이 되리라 너는 이 말을 이스라엘 자손에게 고할지니라"고 말씀하고 있다.

하나님과 사단의 영적 전쟁을 단적으로 보여 주고 있다. 나는 사단의 종으로 불의의 병기로 쓰일 수도 있고, 하나님의 종으로 의의 병기로 쓰임 받을 수도 있다. 하나님의 소유물로 하나님께만 쓰임 받는 의의 종이 되어야 한다.

③ 나는 특별한 존재이다. 하찮게 생각하지 말라.

흙 + 생기 = 사람(생령) → 에덴에 거주

이 세상에 흙이 없는 곳은 없다. 흙은 어느 곳에나 있는 흔한 것으로 하나님께서 그 흙을 재료로 삼아 인간을 만드셨다. 그리고 그 코에 생기를 넣으시므로 인간은 특별한 존재인 생령이 된 것이다. 하나님께서 사람을 만들고 나서 보니 아주 사랑스럽고 특별한 존재이었던 것이다. 그래서 특별한 존재로 만들어진 사람을 하나님께서 아무 곳에나 둘 수 없어서 에덴을 만드신 것이다. 그리고 만드신 사람을 에덴 동산 안에서 살게 하신 것이다. 에덴은 아무나 들어가는 곳이 아니다. 하나님의 은혜를 입은 특별한 존재만 들어가는 곳이다.

그러나, 아담은 특별한 하나님의 사랑을 입은 자신의 지위를 알지 못하고 죄를 범하므로 에덴에서 쫓겨 나오게 되었다. 범죄한 아담은 자신의 특별성을 상실하게 되었다. 아담 안에 죄가 들어오므로 아담은 더 이상 특별한 존재가 아니었다. 그렇기 때문에 아담은 에덴에 있을 수가 없었던 것이다.

흙인 인간 + 죄 (사단) = 사망 (에덴에서 추방)

만일 사람이 특별한 존재만 된다면 언제든지 에덴에 들어갈 수 있는 것이다.

아담의 범죄로 말미암아 모든 사람이 원죄를 가지고 태어난다. 이렇게 원죄를 가진 죄 아래에서 출생한 사람이 언제 어떻게 특별한 사람이 될 수 있는가? 그것은 자신이 죄인임을 고백하고 예수님 앞에 나아와 마음을 열어 예수님을 영접하고 만날 때에만 특별한 존재가 될 수 있다. 죄인이 죄를 가지고 있는 그 자체로는 에덴에 들어갈 수 없다. 그러나 죄인들을 위하여 대신 십자가에서 돌아가신 예수 그리스도의 십자가의 공로를 덧입음으로 가능하게 되는 것이다.

사람을 흙으로 만드신 이유

하나님께서 왜 사람을 흙으로 만드셨는가? 이것은 내 생각이다. 여담으로 듣기를 바란다. 왜 사람을 흙으로 만들었는가 하면 흙은 두 가지 기능을 가지고 있기 때문이라고 생각한다. 한 가지 기능은 흙은 그 속에 떨어진 쓰레기를 썩혀서 흙이 되게 하는 청소부의 역할을 하며, 또 다른 한 가지 기능은 생명을 가진 씨앗이 땅에 떨어지면 그 씨앗이 싹이 나고 자라게 하는 생명을 품고 자라게 하는 역할을 한다. 복음이 흙으로 만든 인간의 마음속에 떨어지면 어떤 사람은 씨앗이 발아가 되어 싹을 틔우고 자라게 하지만 어떤 흙은 복음의 씨앗을 틔우지 못하고 썩혀서 흙이 되게 만드는 경우도 있다.

마태복음 13장 1절 이하에 보면 씨 뿌리는 자의 비유가 나온다. 거기에 보면 씨를 뿌리는 자가 뿌리러 나가서 뿌리는데 어떤 씨는 길가에 떨어지고, 어떤 씨는 돌밭에, 그리고 어떤 씨는 가시 떨기 위에, 그리고 어떤 씨는 좋은 땅에 떨어졌다고 말씀하고 있다. 여기서 우리는 네 종류의 밭을 볼 수 있다. 이 네 종류의 밭은 본래부터 길가밭이고, 돌짝밭이고, 가시떨기밭이고, 옥토가 아니라 그 밭 주인의 열심에 따라서 달라질 수 있는 것이다.

강원도에 볼 일이 있어서 갔다가 어느 밭 옆을 지나가게 되었다. 그런데 밭 옆에 돌무더기가 크게 있는 것이었다. 같이 가던 분에게 물어보았다. "이 돌무더기는 무엇입니까?" 그랬더니 그분이 하는 말이 "이 돌은 이 밭에서 나온 것입니다"하는 것이었다. 그 밭주인이 밭에 갈 때마다 주워낸 돌이 그만큼이라는 것이다. 그래서 그런지 그 밭은 돌도 없고 참 좋은 밭처럼 보였다. 그런데 다른 밭을 보니 밭에 여기저기 돌이 있는 것이 눈에 띄었다. 그 밭주인은 조금 게으른 것처럼 보였다. 이처럼 밭은 주인에 따라서 옥토가 되기도 하고 황무지도 되는 것이다. 밭을 가꾸지 아니하고 가만히 놔두면 그 밭은 못 쓰게 된다.

주인이 게으르면 좋은 밭도 가시떨기밭이 되고, 주인이 부지런하면 돌밭도 좋은 땅이 된다. 주인이 하기에 달린 것이다. 내 마음 밭의 주인은 나다. 내가 하기에 달린 것이다. 나는 옥토니까 괜찮겠지 하고 방심하면 안 된다. 나는 길가밭인데 하고 포기해도 안 되는 것이다. 농사짓는 할아버지 한 분이 말씀하는 것을 들었다. 사람은 속여도 땅만큼은 정직하다고 한다. 그러나 사람들은 정직하지 못하다.

여러 종류의 사람들이 있다. 어떤 사람이 되어야 할 것인가는 전적으로 자신에게 달려 있다. 그 동안 세상에 존재하였던 사람의 일생을 통해서 그들의 삶을 살펴본 결과 네 종류의 사람이 있음을 볼 수 있었다.

㉠ 별 볼일 없이 태어나 귀하게 살다가 귀하게 죽는 사람

아벨이나 아브라함과 같은 사람이 이 유형에 들어가는데 이들은 죄 가운데서 출생하여 하나님의 은혜를 충만하게 받아 누리다가 하나님 앞에 간 사람들이다.

㉡ 별 볼일 없이 태어나 귀하게 살다가 천하게 죽는 사람

아담이라고 할 수 있는데 아담은 어디서나 구할 수 있는 흔한 흙으로 만들어진 존재로서 하나님의 생기를 받은 특별한 존재였으나 제대로 관리하지 못하고 죄를 범함으로 죄 가운데서 살다가 사망하였다.

㉢ 귀하게 태어나 별 볼일 없이 살다가 죽는 사람

삼손은 출생 시 나실인으로 구별되어 출생하였다. 그는 태어나기 전부터 이스라엘을 구원하기로 약속된 구별된 아들이었다. 그러나 사명을 감당하지 못하고 나실인의 규약을 어겨가며 제멋대로 살다가 결국 여자의 치마폭에 싸여 미혹되므로 머리카락을 잘리고 두 눈이 뽑히고 연자 맷돌을 돌리다가 마지막에 힘 한번 씀으로써 살았을 때 죽인 사람보다 마지막에 더 많이 죽이고 간 사람이 삼손이다.

㉣ 귀하게 태어나 귀하게 살다가 귀하게 죽은 사람

노아는 에녹의 후손으로 좋은 가문에서 태어나 신앙의 계보를 쫓아 믿음으로 살다가 하나님에게 은혜를 입은 사람이었다. 그는 하나님의 말씀을 쫓아 방주를 120년 동안 지어 홍수심판을 피하게 되었다. 하나님을 잘 섬기며 은혜 안에서 살다가 죽음을 맞이한 사람이다.

또 한 가지는 이 흙이 하나님의 속성을 잘 보여 주고 있기 때문이다. 흙은 하나님의 공의의 속성과 사랑의 속성을 보여 준다. 공의는 심판의 개념이 강하고 사랑은 생명의 의미를 포함하고 있다. 따라서 하나님은 인간을 만드실 때 흙을 재료로 하신 것이다. 자식은 부모를 닮게 마련이다. 우리의 삶을 통해 하나님의 공의와 사랑이 더 풍성해지기를 기대하시면서 흙으로 사람을 지으신 것이 아닌가?

④ 거지 왕자같이 살아 온 나이다.

하나님의 특별한 은혜로 특별한 존재가 되었지만 그것을 모르고 살아오지 않았는가? 거지와 왕자가 외모가 너무나 비슷하여 서로 옷을 바꾸어 입었다. 거지는 왕자의 옷을 입고 왕궁으로 들어가고 왕자는 거지의 옷을 입고 뒷골목으로 사라졌다. 왕궁으로 들어간 거지 아이는 자신의 신분이 왕자의 신분으로 바뀐 줄도 모르고 여전히 거지 시절에 하던 그 행동을 그대로 하면서 사는 것이었다. 소변이 마려우면 뒤쪽 으슥한 곳으로 가서 해결하고 오고, 세수하라고 물을 떠다 주면 그 물을 마셔 버리고, 옥새를 가지고 호도나 까먹고……, 왕자의 하는 모습을 보면서 왕자를 모시는 종들이 "요즘 왕자님이 이상해지셨다"고 소곤거렸다. 그러나 누구 하나 말하지 못하였다. 왜? 왕자님이기 때문이다.

이렇게 나의 신분이 변했는데도 그것을 모르고 날마다 그 옛날의 거지같이 살아가던 내가 아니었는가? 이제 나는 옛사람이 아니다. 그리스도 안에서 새사람을 입은 나다. 하나님의 능력으로 왕 같은 제사장 나라요, 하나님의 소유된 백성이다. 이제는 사단의 그 어떠한 역사도 이겨낼 수 있는 어엿한 하나님의 백성이 된 것이다. 나의 신분을 분명히 알고 신분에 걸맞는 생활을 하여야 한다. 즉 거지 같은 생활을 정리하고 왕자 같은 권위 있는 삶을 살게 하기 위하여 하나님께서 예수 그리스도를 우리에게 보내 주신 것이다.

⑤ 나는 하나님의 형상으로 만들어진 존재이다.

최초의 인간인 아담은 하나님의 형상으로 만들어졌다. 그 아담이 범죄함으로 하나님의 형상이 파괴되었다. 창세기 5:1-3을 보면 "아담 자손의 계보가 이러하니라 하나님이 사람을 창조하실 때에 하나님의 형상대로 지으시되 남자와 여자를 창조하셨고 그들이 창조되던 날에 하나님이 그들에게 복을 주시고 그들의 이름을 사람이라 일컬으셨더라 아담이 일백삼십 세에 자기 모양 곧 자기 형상과 같은 아들을 낳아 이름을 셋이라 하였고"라고 언급되어 있다.

여기서 보면 하나님의 형상이 사람의 형상으로 바뀌어 있음을 보여준다. 즉 아담의 범죄로 인하여 하나님의 형상이 파괴되었음을 말하는 것이다. 그 파괴된 하나님의 형상을 회복하기 위하여 예수 그리스도께서 사람의 몸을 입고 오셔서 십자가에서 대속의 죽음을 죽으신 것이다. 그 결과 우리에게 하나님의 형상이 회복된 것이다.

왜 하나님의 형상을 입어야 하는가? 하나님의 형상은 마치 무전기의 주파수와 같다. 하나님의 형상을 회복한 자만이 하나님의 음성을 들으며, 하나님의 통치를 받을 수 있는 것이다. 하나님의 통치를 받을 때 인간은 특별한 존재가 되는 것이다. 현실에서 하나님의 통치는 우리가 하나님의 말씀을 받을 때와 순종할 때에 나타난다.

또 한 가지 이유는 앞에서 말한 것처럼 골로새서 1장 15절에서 16절을 보면 "그는 보이지 아니하시는 하나님의 형상이요, 모든 창조물보다 먼저 나신 자니 만물이 그에게 창조되되 하늘과 땅에서 보이는 것들과 보이지 않는 것들과 혹은 보좌들이나 주관들이나 정사들이나 권세들이나 만물이 다 그로 말미암고 그를 위하여 창조되었고"라고 하셨다.

여기서, 우리가 알 수 있는 것은 하나님의 형상은 곧 그리스도의 형상이라는 것이다. 그리스도의 형상으로 사람을 지으신 것은 신약에 와서 그 답을 찾을 수 있다. 오순절 성령강림 역사 이후에 성령이 오셔서 우리의 몸을 성전 삼고 들어와 계신다. 즉 사람 안에 있는 그리스도의 형상은 그분이 오시기 위한 거처인 것이다. 이곳에 성령이 와 계신 것이다. 여러분 모두가 성령이 거하시는 아름다운 성전이 되기를 바란다.

⑥ 나는 하나님의 복을 받은 사람이다.(하나님의 축복선언이 아담에게 주어짐.)

우리나라의 상속법을 보면 아버지가 돌아가셨을 경우 아버지의 재산을 상속받는 상속인은 아버지의 재산뿐만 아니라 아버지가 진 채무까지 상속해야 하는 것으로 나와 있다. 아버지의 재산만이 아닌 빚까지 책임을 져야 하는 것이다. 이것이 안 되면 상속권을 포기해야 하는 것이다. 아버지 재산은 탐이 나는데 빚은 싫다고 해서 재산만 골라서 상속을 받을 수는 없다는 것이다. 상속을 받으려면 다 받아야 하고 포기하려면 다 포기해야 하는 것이다.

아담은 대표의 원리에 의해서 우리 모두를 대표하는 사람이다. 죄를 아담 혼자서 범했지만 그가 우리의 대표인 까닭에 우리에게도 그 죄가 옮겨 온 것처럼, 그가 받은 축복도 우리에게 그대로 옮겨 오는 것이다. 따라서 우리는 아담의 후예로서 하나님으로부터 아담이 받은 복을 받게 된 것이다. 그러나 모든 세상 법에도 적용 규칙이 있듯이 이 축복이 적용되는 규칙이 있는데, 그것은 예수 그리스도 안에서라는 규칙이다.

누구든지 예수 그리스도 안에 있으면 이 복을 받게 된다. 그 복의 내용은 창세기 1장 28절에 나타난 대로 "하나님이 그들에게 복을 주시며 그들에게 이르시되 생육하고 번성하여 땅에 충만하라, 땅을 정복하라, 바다의 고기와 공중의 새와 땅에 움직이는 모든 생물을 다스리라 하시니라" 하신 말씀처럼 다섯 가지 복을 언급하고 있다.

이것을 우리는 하나님의 문화명령이라고 한다. 우리에게 주신 이 명령 가운데 제일 힘든 것이 다스림이다. 다른 것을 다스리는 것은 쉽다. 그러나 다스림 중에서 자기를 다스리는 것은 참으로 힘들고 어렵다. 아담은 다른 것은 다 다스렸는데 자기를 정복하지 못한 것이다. 나를 굴복시켜 주님께 드릴 수 있는 은혜가 있기를 바란다. 나는 하나님의 관심 속에 있는 특별한 사람이다. 그런 면에 있어서 나는 특별한 복을 받은 사람이다.

2) 하나님의 사랑 안에서 구속을 받은 우리는 어떻게 살아야 하는가?

① 구별되게 살아야 한다.

창세기에 나타난 창조원리를 보면 첫째로 하나님의 창조가 있었고, 그 창조로 인하여 새로운 것과 나뉘어지는 역사가 나타나며, 그 가운데 하나를 구별하여 선택하여야 하는 결과가 나타난다. 예를 들면, 첫째 날 사역 가운데 하나님께서 빛을 만드시고 난 뒤에 어둠과 분리시키시는 역사가 나타난다. 빛을 낮이라 칭하시고 어둠을 밤이라 칭하심으로 낮과 밤을 자연스럽게 나누시는 것을 보게 된다.

신약에 와서 성도들에게 너희는 낮에 속하였으니 낮에 속한 자 같이 행하라고 말씀하신다. 이와 같이 만들고 끝나는 것이 아니라 그것을 우리의 삶에 적용해야 하는 문제가 우리에게 주어지는 것이다. 우리의 삶도 어떤 것이든 선택하고 그 결과는 선택한 사람이 져야 한다. 결국 선택한 그 삶의 책임은 나에게 있는 것이다. 아담을 보자. 그가 선택한 결과가 얼마나 엄청난 것이었는가를 알 수 있다.

나는 어떠한가? 올바른 선택을 통하여 모든 사람에게 유익을 주는 사람이 되어야 한다. 나 하나 때문에 많은 사람이 불행해지는 결과가 없어야 한다. 작금의 사태를 보면 이라크와 아프가니스탄 그리고 이스라엘과 레바논 전쟁으로 인한 많은 사람들의 고통과 슬픔, 이런 것들이 몇몇 사람들로 인한 결과라는 것이다. 작게는 한 가정의 가장의 잘못된 선택으로 가족 모두가 고생하는 경우도 있다. 성도라면 다른 사람을 배려하여 무모한 일은 삼가며 다른 사람에게 유익이 되는 삶을 살아야 한다.

② 신분에 걸맞는 삶을 살아야 한다.

신분에 걸맞는 삶을 살려면 먼저 자신을 알아야 한다. 자신을 알기 위해서는 자신을 찾아야 하는 것이 아니라 하나님을 만나야 한다. 하나님을 만나야 내가 누구인가를 알 수 있다. 이사야 55장 6절에서 "너희는 여호와를 만날만한 때에 찾으라 가까이 계실 때에 그를 부르라"고 하신다. 하나님을 만나면 나를 알 수 있는데 그것은 내가 죄인이라는 것이다.

이 죄의 몸에서 구원받지 않으면 안 된다는 사실을 알고 예수 그리스도에게로 나아가야 한다. 그러면 미쁘신 예수님께서 긍휼로 감싸 주시고 은혜를 베풀어 구속의 은총을 허락하신다. 이제는 죄의 종이 아니라 의의 종이 되었으며, 죄와 사망의 법에서 생명의 성령의 법으로 해방된 자유인이 된 것이다. 이제는 그리스도 안에서 마음껏 자유를 누리며 살아야 한다.

11. 인간창조의 목적

●○
"너희로 하여금 모든 신령한 지혜와 총명에 하나님의 뜻을 아는 것으로 채우게 하시고 주께 합당히 행하여 범사에 기쁘시게 하고 모든 선한 일에 열매를 맺게 하시며 하나님을 아는 것에 자라게 하시고 그 영광의 힘을 좇아 모든 능력으로 능하게 하시며 기쁨으로 모든 견딤과 오래 참음에 이르게 하시고"(골 1:9-11)

세상에 존재하는 것은 모두가 존재 목적이 있다. 즉 필요에 의해서 만들어지고 있고 만들었다는 이야기이다. 그렇다면 하나님께서 사람을 왜 만드셨을까? 그냥 하나님의 영광을 위해서라고 하면 되겠지만 창세기 2장 4절에서 7절을 보면 "하나님께서 땅에 비를 내리지 아니하셨는데 그 이유는 경작할 사람이 없어서 들에 초목이 없었고 밭에는 채소가 나지 않았다"고 하였다. 그리고 안개만 땅에서 올라와 지면을 적셨다고 하고 있다. 이것을 보면 땅의 경작을 위하여 하나님께서 사람을 창조하시고 경작하도록 문화명령을 내리신 것이다.

인간에게 주신 축복 선언에서도 "생육하고, 번성하고, 땅에 충만하고, 다스리고, 정복하라"고 하셨다. 인간을 하나님께서는 관리자로 삼으셨다. 그리고 다스리도록 하셨으나 다른 것은 다스리면서도 정작 자기 자신을 다스리지 못하여 타락하고 만 것이다. 우리는 하나님 나라의 청지기이다. 우리에게 맡겨 준 것들을 성실히 감당하고 수고해 나가는 믿음직스럽고 충성스런 일꾼들이 되어야 한다. 하나님의 창조를 보면 알지만 창조의 모든 초점이 사람에게 맞추어 있음을 볼 수 있다. 사람은 창조의 꽃이다. 그런 사람이지만 하나님을 떠나서는 별 볼일 없는 존재가 되고 만다. 우리가 예수님을 믿는 것은 성도들의 특권이다. 이 특권을 허비하지 않는 지혜로운 자가 되어야 한다.

사람을 만드실 때 흙으로 사람을 만드시고 코에다가 생기를 불어넣어 사람이 생령이 되었다고 하는 것은 하나님의 은혜이다. 이것은 흙속에 감추어진 보화를 말한다. 다른 사람 소유의 밭에 가서 일을 하다가 보화가 밭에 감추어진 것을 발견한 농부가 있었다. 이 보화를 발견한 지혜로운 농부는 자기의 소유를 다 팔아서 그 돈으로 밭을 사서 보화를 차지한다. 이것은 농부의 지혜인 것이다. 오늘 우리에게 필요한 것이 바로 이것이다.

우리가 이 땅에서 사는 동안 이루어야 할 최대의 과업이다. 우리에게 기회가 영원히 그리고 언제까지나 있는 것은 아니다. 나의 몸을 주님이 오셔서 거하는 성전으로 만들어야 한다.

"천국은 세례 요한의 때부터 침노를 당하나니 천국은 침노하는 자가 빼앗느니라"

천국을 소유하는 성도가 되어야 한다.

12. 에덴의 비화

●○
"여호와 하나님이 동방의 에덴에 동산을 창설하시고 그 지으신 사람을 거기 두시고……강이 에덴에서 발원하여 동산을 적시고 거기서부터 갈라져 네 근원이 되었으니"(창 2:8, 10)

에덴 동산이 어디에 있었을까? 유프라테스 강과 티그리스 강의 어디쯤일까? 많은 사람들이 에덴 동산의 위치에 관하여 관심을 가지고 연구하고 있다. 몇몇의 고고학자들이 에덴 동산의 위치를 찾고 있으며 정확한 지점은 아직 찾지를 못했지만 대략 어디쯤으로 추정하고 있다는 소식은 신문과 여러 가지 매체를 통해서 알고 있다. 역사적인 가치로서는 그리고 고고학적 가치로서도 발견되면 큰 수확이겠지만 성경을 연구하는 나로서는 역사성보다는 주님과 나와의 관계에서 이 에덴의 문제를 생각해 보고자 한다.

우리가 성경을 이스라엘의 이야기로만 알고 그렇게 보고 있는데, 우리의 시각을 역사에서 잠시 돌려서 지금 내 안에서 이루어지고 있는 사건으로 보고자 한다. 성경은 옛날에 있었던 일을 이야기하는 책이 아니다. 또한 이스라엘의 역사만을 이야기하는 책도 아니다. 성경은 우리 안에서 일하시는 주님의 이야기이다. 성경은 지금도 살아서 역사 하시는 주님을 말씀하고 있는 것이다. 그렇다면 이 에덴을 우리는 어디에서 찾아야 할 것인가? 과거의 역사로 돌아가서 그 에덴에서 찾을 것이 아니라 지금 내 안에서 이루어지고 있는 에덴을 찾아야 한다. 하나님이 거니시던 그 옛날의 그 동산이 지금 내 안에 와 있는 것이다. 예수 그리스도와 함께하는 삶, 그리고 그리스도 안에 있는 것이 바로 에덴에서의 삶이라고 할 수 있다. 그래서 실제적인 그리스도와의 교제가 이루어짐과 그것이 느껴지는 삶을 살아야 한다.

이 에덴에서 네 개의 강이 발원하여 동산을 적시고 있었다. 고대 문명의 발상지가 강을 끼고 이루어진 것은 물이 문명의 발달에 큰 영향을 끼치고 있었기 때문이다. 따라서 에덴에 4개의 강이 있었다는 것은 언제나 목마름이 없는 풍요롭고 넉넉한 삶을 말하고 있는 것이다. 또한 이 에덴 동산은 날마다 하나님과의 교제가 있는 삶을 말해 주고 있는 것이다.

이제 성경으로 돌아가서 창세기 2장 10절에 "강이 에덴에서 발원하여 동산을 적시고 거기서부터 갈라져 네 근원이 되었으니"라고 하고 있다. 에덴 동산의 모든 일들을 기독론적인 모형론으로 볼 때 이것은 예수 그리스도의 십자가를 보여 준다. 네 개의 강은 동서남북으로 십자가를 나타내고 있다. 그 강들을 하나하나 살펴보면 그리스도의 십자가를 통하여 구원받은 성도의 삶을 보여 주고 있는 것이다.

"첫째 강의 이름은 비손이라 금이 있는 하윌라 온 땅에 둘렸으며"

이것은 그리스도 안에서 구원받은 성도라면 반드시 믿음으로 살아야 할 것을 말씀해 주고 있다. 욥기 23장 10절을 보면 "나의 가는 길을 오직 그가 아시나니 그가 나를 단련하신 후에는 내가 정금같이 나오리라"고 욥은 고백하고 있음을 본다. 구원받은 성도는 그리스도 안에서 하나님이 주신 믿음을 날마다 키워나가는 삶을 살아야 한다. 성경은 믿음의 종류를 여러 가지로 말씀하고 있다. 큰 믿음, 적은 믿음, 믿음이 없는 자들아, 이만한 믿음 등등, 큰 믿음의 소유자들이 되어야 한다.

"둘째 강의 이름은 기혼으로 구스 온 땅에 둘렸고"

구스는 노아의 아들로 저주를 받은 함의 후손의 땅으로 절망적인 삶을 살고 있는 사람들을 말하고 있다. 이런 사람들에게 만일 성령의 은혜마저 없다면 이들은 무슨 재미로 살 수 있겠는가? 성령의 역사가 없으면 안 되는 땅이다. 하나님의 역사하심이 소망이 아닌 실제적으로 나타나는 은혜가 있는 성도가 되어야 한다. 우리는 하나님의 은혜로 구원받은 것으로 만족하지 말고 날마다 성령의 은혜 가운데 살아야 한다. 성령의 역사로 영적 전쟁에서 승리하며, 하나님의 이름을 높이는 성도가 되어야 한다.

"셋째 강의 이름은 힛데겔이라".

힛데겔이라는 뜻은 '계시'라는 뜻이다. 성도는 자고로 영적인 감각이 있어야 한다. 따라서 이것은 하나님과의 영적인 교제가 있는 삶을 살아야 할 것을 말한다. 성령의 인도함을 받는 영적인 감각이 살아 있는 성도가 되어야 한다. 주님이 내 안에 계시다고 말은 하면서 그 주님을 만나지 못한다면 주님이 있다고 말할 수 없는 것이다. 그 주님이 지금도 내 안에서 내게 말씀하신다. 그 주님의 음성을 듣고 순종하는 성도가 되기 위해서는 영의 귀와 영의 눈이 열려야 한다.

"넷째 강의 이름은 유브라데더라."

유브라데라는 뜻은 '풍요'라는 뜻으로 넘치는 물질적인 축복을 말한다. 우리 주위의 사람들을 보면 일은 열심히 하는데 물질이 모이지 않는 사람들이 있다. 수고한 대가가 돌아오지 않는 것이다. 크든지 작든지 수고의 결과를 받아 누려야 하는 것이다. 예수님을 믿는 것도 마찬가지이다. 하나님께서 약속하신 복들을 받아서 누리는 삶을 살아야 한다.

어떤 사람이 빌딩을 가지고 있는데, 한두 개가 아니라 무려 네 개를 가지고 있는 분이란다. 그런데 위암 때문에 수술을 받아 위를 잘라내었다고 한다. 그래서 밥을 먹지 못하고 죽만 먹고 지낸다는 것이다. 이런 분이 빌딩 네 개에서 나오는 월세가 한 달에 빌딩을 하나씩 살 수 있는 돈이라고 한다.

그런데, 자기 큰아들이 나이가 오십이 가까웠는데도 돈을 못 쓰게 한다는 것이다. 그래서 동네 사람들이 '저 할아버지는 그 많은 돈을 당신도 써 보지도 못하고 죽을 것이며 아들도 돈을 못 써 보고 오로지 손자만 그 돈을 다 쓸 것이라'는 이야기를 하는 것을 들었다. 버는 것도 중요하지만 누리는 삶의 축복도 받아야 하는 것이다. 우리 모두가 하나님의 은혜로 넘치는 복을 받아 누리는 삶을 살기를 바란다. 그리스도의 십자가로 사는 성도들에게는 이와 같은 복이 넘칠 것을 보여 주고 있는 것이다.

사람은 무엇으로 사는가? 하나님께서 아들을 통하여 보여 주신 십자가의 은혜로 사는 것이다. 사람들은 잘 살기를 바란다. 어떻게 사는 것이 잘 사는 것인가? 예수님을 믿고 믿음 안에서 사는 것이 잘 사는 것이다.

에덴은 천국을 보여 주며, 이미 예수 그리스도의 십자가로 말미암아 내 안에 천국이 이루어졌음을 보여 준다. 지금 내 안에 생수의 강이 흐르고 있다. 에덴은 특별한 사람이 들어간다. 예수 그리스도의 영이 있는 사람만이 들어 갈 수 있는 곳이다. 돈으로도, 어여뻐도, 힘으로도 들어 갈 수 없는 곳이다. 오직 믿음으로, 오직 예수님으로 가는 나라인 것이다.

13. 에덴 동산의 두 나무

●○
"여호와 하나님이 그 땅에서 보기에 아름답고 먹기에 좋은 나무가 나게 하시니 동산 가운데에는 생명나무와 선악을 알게 하는 나무도 있더라"(창 2:9)

하나님께서 아름다운 에덴 동산을 만드시고 그 동산에서 아담과 하와를 살게 하셨다. 그들은 갖가지 아름다운 새소리들과 이름 모를 꽃들 속에서 아름답고, 탐스럽고, 맛있는 실과들을 먹으며 생활을 하였다. 하나님께서는 이런 것들 외에도 동산 중앙에 특별한 나무를 자라게 하셨다. 두 종류의 나무인데 하나는 생명나무이며, 또 한 나무는 선악을 알게 하는 나무이었다. 이 두 종류의 나무가 동산 중앙에 있었는데 그 중에 선악을 알게 하는 나무의 열매를 하나님께서 아담에게 "먹지 말라 먹으면 정녕 죽으리라"고 하셨다.

이 두 나무의 정체가 무엇인가? 이 두 나무는 모형론적으로 보면 생명나무는 은혜의 나무이고, 선악을 알게 하는 나무는 율법의 나무이다.

선과 악을 판단하는 것은 율법이다. 율법의 역할이 무엇인가? 판단하고 비판하고 정죄하며 시기하고 질투하는 것이다. 그렇다면 율법이란 항상 법을 가지고 따져서 잘잘못을 캐내어 아는 것이니까 그 법 아래에서 판단하고 정죄한다는 뜻이다. 그래서 율법 아래에서는 율법의 잣대를 가지고 선을 알든지 악한 것을 알든지 이 모든 것이 하나님이 보실 때 죄라는 것이다.

우리가 범죄한 아담의 후예로 지금도 얼마나 많은 것들을 율법의 잣대를 가지고 판단하고 정죄하고 비판하였는가? 아담과 하와가 죄를 짓기 전에는 그들이 벗은 것조차도 몰랐다. 그러나 이 열매를 따 먹고 나서 눈이 밝아져 벗은 것을 알았다. 아는 것이 좋은 것이 아니다. 율법이 들어오면서부터 그들은 서로를 판단하고 정죄하고 비판하기 시작하여 결국 핑계하기에 이르렀다. 이것이 가인과 아벨의 제사까지 이어져 가인이 시기하여 아벨을 죽이기에 이른다. 우리는 은혜로 구원받았다. 그러면 은혜로 살아야 하는 것이다. 왜 율법으로 사는가? 구원도 은혜, 생활도 은혜로 살아야 한다.

지금 교회 안에 율법이 판을 치고 있다. 사단의 교묘한 장난에 성도들이 속고 있는 것이다. 여러분이 율법으로 살면 하나님께서도 여러분을 율법으로 다스리실 것이다. 그러나 여러분이 은혜로 살면 하나님께서도 여러분을 은혜로 다스리신다. 내가 하는 대로 하나님께서는 내게 행하신다. 내가 용서하면 하나님도 나를 용서하시고, 내가 사랑하면 하나님도 나를 사랑해 주신다. 내가 땅에서 매면 하늘에서도 매이고, 내가 땅에서 풀면 하늘에서도 풀린다는 이 말씀을 잊지 말라.

14. 독처하지 말라 하신 이유

●○
"여호와 하나님이 가라사대 사람의 독처하는 것이 좋지 못하니 내가 그를 위하여 돕는 배필을 지으리라 하시니라"(창 2:18)

우리가 어렸을 때만해도 보건소에서 간호사들이 동네마다 다니며 둘만 낳아 잘 기르자며 계몽활동을 하면서 산아제한을 권유하였었다. 예비군 훈련을 가면 아침 첫 시간이 가족계획을 위한 정관수술을 받으라고 하는 것이 일반적이었으며 많은 사람이 좋다고 생각하여 그 때 그 수술을 받았다. 그러나 요즈음에 와서 노령인구는 느는데 신생아가 줄어들고 있다고 아이를 낳아야 한다고 아이 낳기 운동을 벌이고 있는 단체들도 생겨나고 있다. 일부러 정부에서 보조하여 아이를 낳게 하는 방법도 사용하고 있으며, 자녀를 많이 낳으면 혜택도 준다고 한다는 것이다. 이 모두가 역사의 아이러니이다.

요즘, 우리 주위에 나이가 많은데도 결혼하지 않고 혼자 사는 미혼 남녀들이 많이 있다. 반대로 결혼을 하고 사는데도 아이를 낳지 않고 사는 가정도 있다. 이렇게 가정이 과거의 가정의 모습이 아닌 혼란스러운 시대를 우리가 살고 있다. 핵가족화되면서 가정의 식구 수가 점점 줄어들어 이제는 세 식구 내지 네 식구가 보통 가정들의 모습이다. 이런 최소한의 모습까지도 흔들리고 있는 세태이다. 이것은 사단의 보이지 않는 역사이다. 이것을 독설이라고 하지 말라. 사단은 에덴에서 아담의 가정을 파괴시켰다. 말세에 우리들의 가정을 파괴하기 위하여 사단은 교묘하게 역사하고 있다. 사단은 가정파괴범인 것이다. 그 꼬임에 넘어가지 말라. 마태복음 19장 6절과 마가복음 10장 9절에서 "이러한즉 이제 둘이 아니요 한 몸이니 그러므로 하나님이 짝지어 주신 것을 사람이 나누지 못할지니라 하시니"라고 말씀하셨다.

혼자 사는 것이 편하다고 생각하지 말며, 혼자서 마음껏 인생을 즐기겠다고 생각하지 말라. 인생은 영생을 준비하는 기간이다. 일생을 통하여 영생으로 나아가야 한다.

결혼 안하고 혼자 사는 사람이 많은데 그러나 좋은 것이 아니다. 왜냐하면 혼자 사는 것은 진정한 의미의 가정이 아니다. 가정이라는 것은 모름지기 남편이 있고, 아내가 있으며, 자식이 있는 것이 가정이다. 그리고 가정을 지키기 위한 수고가 있어야 하는데 혼자 사는 사람에게는 그것이 없다. 늦게 들어간다고 누가 말하는 사람이 있나? 술이 많이 취해서 들어온다고 야단치는 사람이 있나? 함께 걱정해 주고, 아껴주고, 위로해 줌이 있는 것이 가정인 것이다. 혼자 사는 사람은 죽기 살기로 의

무감에 사로잡혀 일 안 해도 된다. 그러나 가정이 있는 사람은 책임감이 있다. 그리고 혼자 사는 사람은 정상적인 방법으로 자녀를 생산할 수 없다. 생육하고 번성하라는 하나님의 말씀을 지킬 수가 없는 것이다.

모형론적인 의미를 살펴보면

아담의 독처하는 것이 좋지 않았다는 것은 사람이 예수님 없이 혼자 사는 것은 보기에 좋지 않다는 것이다. 그래서 돕는 배필을 만드시기 위하여 아담을 깊이 잠들게 하시고 아담의 갈빗대 하나를 취하여 여자를 만드셨다. 이것은 둘째 아담인 예수 그리스도에게서 신부인 신약의 교회가 나올 것을 보여 주고 있다. 예수 그리스도의 십자가의 죽으심을 통하여 하나님의 백성, 그리스도의 신부인 교회가 나올 것을 보여 주는 것이다. 예수님께서 우리를 십자가에서 낳으신 것이다.

여자를 아담에게로 이끌어 오시니 아담이 여자를 보고 "이는 내 뼈 중의 뼈요 살 중의 살이로다"하였다. 예수님께서 십자가에서 옆구리를 창에 찔리심으로 물과 피를 다 쏟으시고 우리를 구원하실 것을 예표론적으로 보여 주고 있는 것이다. 그리스도는 성도의 신랑이요, 성도는 그리스도의 신부인 것이다. 성경을 보면 볼수록 그리스도와 우리와의 관계를 하나님께서 너무 진솔하게 담고 있는 것을 볼 때 머리가 절로 숙여질 뿐이다.

창세기 2장 24절을 보면 우리가 결혼식에서 목사님들이 많이 인용

하는 성경구절로서 많이 들었던 내용이다. 그러나 이 내용을 가만히 들여다보면 기독론적인 모형론이 숨겨져 있는 것이다.

"이러므로 남자가 부모를 떠나 그 아내와 연합하여 둘이 한 몸을 이룰지로다"

이 본문의 내용 속에서 남자는 예수 그리스도를 말하고 아내는 성도를 말한다. 남자인 예수 그리스도가 부모인 하나님을 떠나서 이 세상에 오셔서 성도인 아내를 만나 둘이 한 몸을 이루는 연합을 말씀하고 있는 것이다. 따라서 이 말씀은 예수 그리스도의 성육신을 보여 주고 있는 것이다. 빌립보서 2:5~8을 보면 "너희 안에 이 마음을 품으라 곧 그리스도 예수의 마음이니 그는 근본 하나님의 본체시나 하나님과 동등됨을 취할 것으로 여기지 아니하시고 오히려 자기를 비어 종의 형체를 가져 사람들과 같이 되었고 사람의 모양으로 나타나셨으매 자기를 낮추시고 죽기까지 복종하셨으니 곧 십자가에 죽으심이라"고 하심으로 아버지를 떠나 이 땅에 오신 주님을 말씀하고 있다.

우리가 창세기 1장과 2장을 살펴보고 있지만 이 두 장의 성경 속에 얼마나 많은 그림을 감추고 계시는가? 우리가 성경을 열면 이와 같이 예수 그리스도가 보여야 한다. 성경은 어디를 열든지 그리스도가 나타나는 책이다.

15. 뱀이 에덴에 들어왔다?

●○
"여호와 하나님의 지으신 들짐승 중에 뱀이 가장 간교하더라 뱀이 여자에게 물어 가로되 하나님이 참으로 너희더러 동산 모든 나무의 실과를 먹지 말라 하시더냐"(창 3:1)

우리가 에덴을 천국의 모형이라고 하는데 사단이 어떻게 천국에 들어올 수 있는가? 원래는 들어올 수 없다. 그러나 아담과 하와가 있는 에덴에 들어와서 아담과 하와를 속여서 선악을 알게 하는 나무의 열매를 먹게 하는 것이 사단의 사명이었다. 이것은 하나님의 허용하심 속에서 이루어진 일로서 하나님의 경륜에 속한 일이다. 우리 입장에서 보면 이해가 안 되는 일도 있지만 그러나 하나님의 경륜을 통하여 보면 그 일을 통해서 이루고자 하시는 뜻이 있기 때문에 그 일을 행하시는 것이다.

사단은 자기 마음대로 일하는 존재가 아니다. 욥기서에 나타난 것처럼 하나님의 허용된 범위 안에서 사단은 자신의 일을 하는 것이다. 하와가 에덴에 들어온 뱀과 대화를 나눌 때 하나님께서 기침 한 번만 하셨어도 하와는 범죄하지 않았을 텐데 하나님은 그 때 어디 계셨는가? 하나님은 하와의 범죄와 아담의 범죄를 허용하셨다. 하나님은 자유의지를 가진 사람의 선택이 옳든지 그르든지 그대로 존중하신다. 옳으면 옳은 대로 그르면 그른 대로 하나님은 결과에 따라 역사하신다. 자유가 모든 것에 자유가 아니다. 자유에는 반드시 책임이 따르는 것이다.

하나님께서 창세 전에 그리스도 안에 있던 사람들을 이 세상에 보내신 것은 사람들로 하여금 이 세상에서 하나님의 사랑의 깊이와 넓이와 높이를 알게 하기 위함이다. 우리가 날마다 마시는 공기의 고마움을 모르듯이 천국에서 처음부터 끝까지 산다면 하나님의 사랑이 큰지 작은지 좋은지 나쁜지 알 수가 없다. 왜? 비교개념이 없으므로 알 수가 없는 것이다.

그러나, 지금 우리는 '크다' 하면 반대의 개념인 작은 것이 있으므로 큰 것을 알 수 있고, '많다' 고 그러면 많은 것의 반대개념인 적은 것이 있어서 알 수 있다. 이런 것 같이 우리가 천국에서만 있었다면 알지 못했을 일들이었다. 세상에 보내어져서 연단을 받고 고생을 하고 수고를 하니까 하나님의 사랑이 큰지도 알았고 하나님이 얼마나 우리를 위하여 참고 사랑하셨는가를 알게 된 것이다.

이것처럼 하나님께서 사람들로 하여금 이 땅에서 하나님의 자비와 긍휼과 사랑을 깨달아 하나님을 경외하며 더 큰 영광을 돌리게 하기 위하여 이 땅에 보내신 것이다. 우리는 이 세상에서 하나님의 경륜을 깨달아 믿음 안에서 하나님께 더 큰 영광을 돌리며 날마다 승리해야 한다.

16. 유혹의 열매인 선악과

●○
"이는 세상에 있는 모든 것이 육신의 정욕과 안목의 정욕과 이생의 자랑이니 다 아버지께로 좇아온 것이 아니요 세상으로 좇아온 것이라"(요일 2:16)

말세에 역사하는 사단의 세 영

말세를 살아가는 성도들을 공격하여 쓰러뜨리는 사단의 역사 속에는 세 종류의 영이 있다.

첫째로 사단은 의혹의 영으로 역사를 한다. 이 의혹의 영이 들어오면 사람들은 모든 것들을 의심하게 되고 불신하게 만들어 범죄하게 만든다. 사단은 하나님의 선하심을 의심케 하며 마귀는 지옥의 심판까지도 의심하게 만들며 하나님의 말씀을 전면 부정하게 만든다.

하와의 경우는 하나님께서 "정녕 죽으리라"고 하셨는데도 결코 죽지않는다고 하여 그것을 의심하게 만들었다. 결국 먹지 말라고 한 선악을 알게 하는 나무의 열매를 따서 먹고 죽었음을 우리는 본다. 심지어는 하나님이 복을 주신다고 말씀하셔도 그것을 의심하게 되는 것이다. 의심의 영이 들어오면 영적 생활이 건강해지지 못하고 병들게 된다. 불신의 벽이 쌓여지기 시작하면 감당할 수 없는 상황에 이르기도 한다. 남편과 아내 사이에 이 의혹의 영이 들어오면 의처증이 생기고, 의부증이 생기는 것이다. 의혹의 영을 물리쳐야 한다.

둘째는 미혹의 영이다. 이것은 사람으로 하여금 정신을 못 차리게 하는 영으로 분명한 선택을 하지 못하도록 하는 영이다. 어떤 것을 택해야 하는지 우리의 생각을 헛갈리게 하여 하나님의 뜻을 이루지 못하게 하는 것이다. 어떤 것을 선택해야 하는 경우에 머리가 맑아야 생각이 나고 분명한 선택을 할 수 있는데 그렇지 못하고 머리가 멍한 상태가 되면서 무엇이 무엇인지 모르는 상태가 되는 일이 있다. 따라서 분별의 영을 받아야 한다. 하나님의 주신 지혜로 분별하여 믿음으로 승리하여야 한다.

셋째는 유혹의 영으로 우리의 마음을 조절하지 못하고 무너지게 만드는 사단의 역사이다. 어렸을 적에 일인데 친구들과 함께 천호동 가는 방향에 있는 건국대학교에 놀러간 적이 있었다. 다 놀고 버스를 타고 집에 오려고 하는데 한 친구가 "야! 우리 호떡 사먹고 가자"고 했다. 주머니를 보니 다 하나같이 차비밖에 없는 것이었다. 그때 옆에 있던 친구가 "우리 차비로 호떡 사먹자. 그리고 걸어가면 되잖아." 하니 모두가 그렇게 하기로 하고 차비를 걷어서 호떡을 사먹고 걸어 온 적이 있었다.

호떡을 먹고 싶은 유혹을 물리치지 못하고 먹은 결과 우리는 두 시간 넘게 걸어야 하는 고생을 했다. '호떡을 사먹지 않고 차를 탔으면' 하고 후회하며 집에 왔었다. 그러나 그 때 이후로도 여러 번 그랬던 기억이 있다.

이것은 작은 유혹의 이야기이지만 일생이 걸린 유혹에 빠져 지금도 힘들게 사는 사람이 얼마나 많은지 모른다. 성의 유혹에 빠져서 성범 죄자가 되기도 하고, 물질의 유혹에 넘어가 사기꾼이 되기도 하고, 명예의 유혹에 넘어가 어려움에 처하기도 한다. 이 유혹은 성령의 아홉 가지 열매인 절제가 있어야 끊어 버릴 수 있다. 하와에게 역사한 사단도 유혹의 영으로 역사한 것이다.

아담에게 주신 여자인 하와가 뱀의 꼬임에 넘어가 선악과를 보니 먹음직도 하고, 보암직도 하고 지혜롭게 할 만큼 탐스럽기도 한 열매로 보였다. 그 유혹을 이기지 못하고 열매를 따서 먹었다.

이 때 아담은 어디에 있었는가? 독처하지 말라고 하나님께서 주셨는데 그 여인을 혼자 두고 어디에 갔는가? 성경은 여기에 대하여 침묵하고 있다. 뿐만 아니라 아담이 없는 사이에 하와가 선악과를 따먹은 것에 대하여 아담은 하와에게 질책 한 마디 하지 않고 있다. 그리고 오히려 기다렸다는 듯이 주는 것을 받아먹는 것 같은 장면으로 기록하고 있다. "여자가 그 실과를 따먹고 자기와 함께한 남편에게도 주매 그도 먹은지라"(창 3:6).

나는 이 문제를 곰곰이 생각해 보았다. 아담이 왜 그랬을까? 한참을 생각해도 답이 나오지 않았다. 나라면 어떻게 반응을 했을까? 나라면 하와에게 왜 먹지 말라고 한 선악과를 따서 먹었느냐고 따질 것이며, 주는 것도 받아 먹지 않았을 것이다. 그런데 지혜가 출중한 아담이 이런 실수를 범하다니 이해가 되질 않았다. 그런데 이 그림 속에서 선악과를 먹은 아담이 아담이 아니라 예수 그리스도의 모습으로 보이는 것이 아닌가? 같이 살펴보기로 하자.

여기서 하와는 성도의 모형이다. 그리고 아담은 예수 그리스도의 모형으로 보자. 그래도 이해가 안 되는가? 사람의 대표인 하와가 선악과를 따서 먹음으로 그에게 사망이 왔다. 그러면 하와가 죽어야 한다. 왜? 먹지 말라고 한 선악과를 따서 먹었으니까 결국은 죽어야 한다. 그 하와를 살리시기 위하여 예수 그리스도가 우리를 위하여 선악과를 먹고 대표로 죽으신 것이다.

그래서 하와가 먼저 선악과를 따서 먹었는데도 선악과를 이야기할 때마다 하와의 이야기는 한 마디도 하지 않고 아담이 따서 먹었다고 하여 아담에게 뒤집어 씌운 것이다. 이렇게 해서 예수님이 이 땅에 아담으로 오셔서 인류를 대신하여 십자가에 달려 죽으신 것이다. 따라서 예수 그리스도가 죄가 있어서 죽으신 것이 아니다. 예수님은 죄가 없으신 분이시다. 다만 당신의 백성들을 위해서 죽으신 것이다.

'예수'라는 이름의 뜻이 '자기 백성을 저희 죄에서 구원할 자'가 아닌가? 이 아담은 바로 예수 그리스도의 모형으로 하와를 위하여 죽기로 작정하신 예수 그리스도의 모습이다. 따라서 한 마디의 책망도 없이 왜 먹었느냐고 말 한 마디 없이 스스로 십자가로 올라가신 예수님을 보여 주고 있다. 하와가 죽어야 할 죽음을 대신 죽으실 것을 보여 주시기 위하여 그 선악과 열매를 먹은 것이다.

17. 무화과 치마를 가죽옷으로

●○
"이에 그들의 눈이 밝아 자기들의 몸이 벗은 줄을 알고 무화과나무 잎을 엮어 치마를 하였
더라······ 여호와 하나님이 아담과 그 아내를 위하여 가죽옷을 지어 입히시니라"(창 3:7, 21)

죄를 지으면 심장이 벌렁거리고 머릿속이 하얗게 되면서 아무 생각
이 없어지는 것을 경험한 적이 있다. 어렸을 때 어머니는 계란을 아이
들이 먹지 못하도록 쌀독이나 찬장 높은데 있는 그릇에 담아 놓았다.
그 당시만 해도 계란이 귀한 음식이었다. 그런데 그것이 먹고 싶어 늘
보물찾기를 했던 것이다.

어느 날 쌀독 항아리 안에 그것도 쌀 속에 파묻어 놓은 계란을 찾아
내어 몰래 먹었다. 그리고 야단맞을까봐 어린 마음에 숨어 있었던 기
억이 난다. 그 당시에는 아주 큰 죄를 진 것처럼 생각이 들어 숨어 있
었던 기억이 지금도 새롭다.

먹지 말라고 한 선악을 알게 하는 나무의 열매를 먹은 아담과 하와
는 하나님이 두려워 숨을 수밖에 없었다. 공교롭게도 그때 마침 하나

님께서 아담과 하와를 부르신 것이다. 이들은 죄를 지은 까닭에 하나님을 두려워하여 숨어 있었다. 숨어 있는 그들을 밖으로 불러 내시고 보니 이들은 자신들의 벗은 몸을 가리기 위하여 무화과 잎으로 치마를 만들어 몸을 가리고 있었다. 하나님께서는 그들이 만들어 입은 무화과 잎의 치마를 벗기고 짐승을 잡아 가죽옷으로 만들어 입혔다.

무화과 잎의 치마는 인간의 지혜의 한계를 보여 주는 것이다. 낮에 해가 나면 바싹 말라 금방 부서질 터인데 그것으로 옷을 해 입은 아담과 하와를 위하여 마르지 않고 부서지지 않는 가죽옷을 해서 입히신 것이다.

무화과 잎으로 만든 치마가 보여 주는 것은 구약의 율법 아래의 삶을 말한다. 이 치마는 하루에도 몇 번씩 만들어 입어야 한다. 부서지면 또 만들고 부서지면 또 만들고 해야만 한다.

구약의 제사는 죄가 있으면 언제든지 몇 번이고 드려야 한다. 그러나 신약의 제사인 예수님의 십자가 제사는 단번제사로서 구약의 제사를 완성시킨 것이다. 이 신약의 제사인 그리스도의 십자가 사건은 마치 가죽옷과 같은 의미를 보여 주고 있다. 가죽옷은 한번 만들어 입으면 떨어지지도 않고 계속해서 입을 수 있다.

따라서 가죽옷은 하나님의 은혜를 보여주는 것이다. 무화과 잎의 치마는 율법적인 삶을 사는 인간의 모습을 보여 준다. 자기의 힘으로 구원받을 수 없다. 하나님께서 아담에게 무화과 나뭇잎의 치마를 벗기고 짐승을 잡아 가죽옷을 해 입히심으로 하나님의 구속을 보여 주고 있다.

구원은 하나님의 역사이다. 은혜로 되는 것이다. 자신의 수고와 노력으로 구원을 이룰 수 없다. 오직 하나님의 은혜로 되는 것이다. 구원은 믿음으로, 믿음은 하나님의 선물인 것이다.

18. 뱀에게 내리신 저주를 경계하라

●○

"여호와 하나님이 뱀에게 이르시되 네가 이렇게 하였으니 네가 모든 육축과 들의 모든 짐승보다 더욱 저주를 받아 배로 다니고 종신토록 흙을 먹을지니라"(창 3:14)

지금은 돌아가셨지만 큰고모님이 여주에 사실 때 할머니하고 가끔 내려가곤 했다. 초등학교 2학년 쯤 된 여름이었다. 그 곳에서 친구들과 놀다가 밭으로 뱀이 기어가는 것을 발견하였다. 우리는 밭에 있는 흙더미를 주워서 던지면서 뱀이 도망가지 못하게 하였다. 여러 명이 계속해서 흙덩이를 던지니 뱀이 도망가다가 지쳐서 결국 죽어버렸다. 죽은 뱀을 구경하는데 누나뻘 되는 친척이 "너희들이 뱀을 괴롭히면 밤중에 뱀이 집으로 찾아온다"라고 했다. 그 말에 고모집에 가서 화장실도 못가고 무서워했던 기억이 난다.

우리의 잠재의식 속에는 뱀을 미워하는 것이 있는지 모르겠다. 아무것도 모르는 아이들이지만 뱀을 보면 무서워서 피하면서도 잡고 싶고 죽이고 싶은 마음이 드는 것은 창세기 3:15에서 "내가 너로 여자와 원수가 되게 하고 너의 후손도 여자의 후손과 원수가 되게 하리니 여자의 후손은 네 머리를 상하게 할 것이요 너는 그의 발꿈치를 상하게 할 것이니라"라고 하신 것 때문인지 모르겠다. 어쨌든지 뱀과 우리는 원수인 것이다. 그래서 뱀만 보면 죽이고 싶은 충동이 드는지 모르겠다.

하나님께서 하와를 속여서 죄를 짓게 한 뱀에게 저주를 내리셨다. 그 내용을 보면 창세기 3장 14절에 "여호와 하나님이 뱀에게 이르시되 네가 이렇게 하였으니 네가 모든 육축과 들의 모든 짐승보다 더욱 저주를 받아 배로 다니고 종신토록 흙을 먹을지니라"고 하였다. 이 내용을 자세히 보면 깊은 뜻이 숨겨져 있음을 볼 수 있다.

여기서 흙을 먹으라고 한 것은 이제부터 흙이 뱀의 밥이라는 것이다. 궁금한 마음이 들어서 노인들에게 여쭈어보았다. "어르신! 뱀이 흙을 먹고 삽니까?" 그랬더니 내 얼굴을 빤히 보시더니 "아니 뱀이 왜 흙을 먹느냐? 흙은 안 먹어. 뱀은 살아있는 것만 잡아먹고 산다네. 그리고 나뭇잎에 있는 이슬만 먹고 사는 깨끗한 동물이지"하셨다. 그런데 하나님께서 말씀하신 흙이 그냥 흙이 아닌 것이라는 생각이 드는 것은 나만의 기우인가?

성경을 보면 하나님께서 사람을 흙으로 만드셨다고 하였다. 그리고 그 코에 생기를 불어 넣으셔서 생령이 되었다고 말씀하고 있다. 반대로 하나님이 만든 사람에게서 생기만 빼어내 버리면 사람은 흙 자체인 것이다. 다시 말하면 여기서 뱀의 밥은 흙이다. 즉 예수님의 영이 없는 예수님을 믿지 않는 사람들이 뱀의 밥이라는 것이다. 또한 믿어도 제대로 믿지 않고 시시하게 믿는 사람들이 사단의 밥인 것이다.

베드로전서 5장 8절과 9절을 보면 "근신하라 깨어라 너희 대적 마귀가 우는 사자같이 두루 다니며 삼킬 자를 찾나니 너희는 믿음을 굳게 하여 저를 대적하라 이는 세상에 있는 너희 형제들도 동일한 고난을 당하는 줄을 앎이니라"고 하였다. 너희 대적 마귀가 우는 사자같이 두루 다니며 삼킬 자를 찾는다고 하였다. 그 뒤를 보면 "너희는 믿음을 굳게 하여 저를 대적하라"고 하였다.

우리는 아담의 범죄 이후 계속하여 영적인 싸움을 싸우고 있다. 에베소서 6장 12절에서 "우리의 씨름은 혈과 육에 대한 것이 아니요 정사와 권세와 이 어두움의 세상 주관자들과 하늘에 있는 악의 영들에게 대함이라"고 하였다. 사단과의 이 싸움에서 지지 말고 싸워 이겨야 한다. 주님이 우리를 격려하시며 우리와 함께 하신다. 오직 믿음으로 나아갈 때 이긴다. 에베소서에서 우리가 영적인 싸움에서 이기기 위해서는 다음과 같이 하여야 한다고 하였다.

"그러므로 하나님의 전신갑주를 취하라 이는 악한 날에 너희가 능히 대적하고 모든 일을 행한 후에 서기 위함이라 그런즉 서서 진리로 너희 허리띠를 띠고 의의 흉배를 붙이고 평안의 복음의 예비한 것으로 신을 신고 모든 것 위에 믿음의 방패를 가지고 이로써 능히 악한 자의 모든 화전을 소멸하고 구원의 투구와 성령의 검 곧 하나님의 말씀을 가지라"

(엡 6:13-17)

19. 아담이 보여 주는 것은 무엇인가?

●○

"기록된 바 첫 사람 아담은 산 영이 되었다 함과 같이 마지막 아담은 살려 주는 영이 되었나니 그러나 먼저는 신령한 자가 아니요 육 있는 자요 그 다음에 신령한 자니라 첫 사람은 땅에서 났으니 흙에 속한 자이거니와 둘째 사람은 하늘에서 나셨느니라"(고전 15:45-47)

신학교에 처음 들어가 얼마 되지 않아서였다. 일흔 셋 되신 목사님이신데 혼자서 방학동에 있는 살림집을 개척교회로 하고 계셔서 그 해 여름 찾아가서 도와드린 적이 있었다. 처음 만났을 때 목사님은 "이전도사님! 사람인(人) 자를 다섯을 가지고 말을 만들어보시오"라고 하셨다. 내가 머뭇거리자 노 목사님은 "사람이면 다 사람이냐? 사람이 사람다워야 사람이지"하시는 것이었다.

그 이후 내 마음 속으로 되새기는 말이 있다. '목사면 다 목사냐? 목사가 목사다워야 목사지!' 하는 말이다. 이것은 사람과의 관계 속에서 나온 말인 듯 싶다. 사람다운 사람, 성도다운 성도, 목사다운 목사가 되어야 한다. 여기서 '답다' 라는 말은 매우 아름다운 말이다. 부모다워야 하고, 학생다워야 하고, 성도다워야 한다.

'사람 인' (人)자를 자세히 보면 하나는 길고 하나는 짧은데 서로 의지하고 서 있는 것이다. 이것을 보면 사람은 혼자서는 살 수없는 사회적인 동물이다. 그런데 하나님께서는 아담 하나만을 만드신 것이었다. 동산을 돌아다니는 아담을 보니 쓸쓸하고 허전해 보였다. 외로워하는 것 같은 느낌을 주는 것이었다. 이것을 본 하나님은 아담이 독처하는 것이 보기에 좋지 않아서 아담을 깊이 잠들게 하시고 갈빗대 하나를 뽑아서 그것에 살을 붙여서 하와를 만들어 아담으로 하여금 배필로 삼게 하셨다.

아담이 잠이 든 사이에 하나님에 의하여 싫든 좋든 그는 한 여성을 만나게 된 것이다. 이와 같이 사람은 태어나면서부터 누군가를 만나고 그 만남 속에서 삶을 이어 나가게 되어 있다. 따라서 사람의 일생은 자의든 타의든 누군가를 만남으로 시작되며, 만남으로 끝이 난다.

출생으로 인하여 육신의 부모와 만나게 되고 관계를 맺으며 성장하면서 형제와 자매를 만나고, 친구를 만나고, 학교 선생님을 만나고, 배우자를 만나고, 직장상사를 만나고, 직장동료를 만나고, 그 외에도 우리는 많은 사람들을 만나게 된다. 이 만남에도 좋은 만남이 있는가 하면 그렇지 못한 만남이 있다. 아담도 마찬가지이다.

1) 아담이 보여 주는 것은 만남을 보여 주고 있다.

① 내가 누구를 만나야 하는가?

어렸을 때 나는 별로 넉넉하지 못한 우리 집 형편을 보면서 '내가 왜 이 집에 태어났을까? 좀 더 부잣집에 태어났으면 얼마나 좋았을까?' 하고 생각했었다. 부자인 친구네 집을 갔다가 온 날이면 이런 생각은 더 했다. 나중에 커서는 참 어처구니없는 생각을 했었다고 나의 어리석음을 웃음으로 넘기게 됐지만 그 당시는 자주 그런 생각을 했다.

나와 부모님과의 만남은 하나님의 뜻이다. 내 마음대로 되는 것이 아니다. 이렇듯 사람과 사람의 만남은 성장과 환경과 사건을 통하여 반복적으로 이루어지고 있다. 이 모든 것들이 내 생각과 의지대로 되는 것이 아닌 것이다.

이런 만남 속에서 아담은 그의 삶을 통하여 만남의 중요성을 보여주고 있다. 하나님께서 아담을 창조했을 당시로 돌아가 보자. 아담은 전혀 의식하지 못한 상황에서 하나님의 계획 속에서 만들어졌으며, 그가 눈을 떴을 때 처음으로 하나님을 보았다.

우리의 삶을 보아도 그렇다. 아이의 의사와는 상관 없이 부모님의 생각 안에서 아이들이 잉태되고 출생한다. 즉 부모는 자식을 선택할 수 있어도 자식은 부모를 선택할 수 없는 것이다. 내가 결혼하였을 때 나와 내 아내는 아이를 하나만 낳아서 키우려고 처음에는 생각하였다.

그러나 큰애가 태어나고 자라나는 과정에 동생이 하나 더 있어야 하겠다는 생각이 들어 둘째 아이를 낳게 된 것이다. 이처럼 부모의 계획 속에서 아이는 태어나는 것이다. 아이가 부모를 선택하는 것이 아니다.

마찬가지로 우리가 하나님을 선택하는 것이 아니라 하나님께서 우리를 선택하심으로 우리가 하나님의 자녀가 되는 것이다. 이것이 출생의 원리인 것이다. 이런 과정에서 아담이 하나님 안에서 창조되었던 것이다. 처음 아담이 하나님을 만났을 때에 그는 하나님의 은혜와 배려로 에덴 동산에서 살게 되었다.

이것을 우리가 아담의 생성으로부터 구체적으로 살펴보면 인간은 하나님의 계획 속에서 만들어졌다. 그 인간이 흙으로부터 와서 하나님의 생기를 받아 생령이 되었다. 이것을 도표로 보면 다음과 같다.

ㄱ. 흙인 인간 + 생기(하나님) = 생령이 되었으며, 생령이 된 아담은 아무 곳에나 거주한 것이 아니라 하나님께서 특별히 만드신 에덴 동산에 거주하게 되었다. 이 과정 속에서 아담 자신은 아무것도 한 것이 없었다. 순전히 하나님의 은혜로 된 것이다.

그러나 아담이 하나님의 말씀을 불순종하여 사단의 말을 듣고 선악을 알게 하는 나무의 열매를 먹는 순간부터 그는 하나님을 피하게 되었으며, 결국 에덴 동산에서 쫓겨 나오게 되었다.

ㄴ. 흙인 인간 + 사단 = 죽음, 에덴에서 추방당함.

이것을 볼 때 내가 신앙적으로 어떤 신을 섬기는가는 매우 중요한 일이다. 내가 어떤 신을 만나는가에 따라서 나의 미래가 달라지기 때문이다. 여러분은 누구를 만나기를 원하는가? 하나님을 만나야 한다. 하나님을 만나려면 예수 그리스도를 통하지 아니하고는 만날 수 없다.

만일 예수 그리스도를 영접하지 않았다면 예수 그리스도를 영접하라. 그것은 그 분을 마음으로 믿으면 되는 것이다. 예수님이 나를 위해 십자가에 돌아가셨다는 그 사실을 믿고 예수님을 나의 구주로 받아들이기만 하면 되는 것이다.

로마서 10장 9절에서 10절에 "네가 만일 네 입으로 예수를 주로 시인하며 또 하나님께서 그를 죽은 자 가운데서 살리신 것을 네 마음에 믿으면 구원을 얻으리니 사람이 마음으로 믿어 의에 이르고 입으로 시인하여 구원에 이르느니라"고 말씀하셨다. 단순하고 복잡하지 않다. 그냥 마음으로 믿기만 하면 된다는 것이다.

너무 쉬워서 더 안 믿는지도 모르겠다. 하지도 못하면서 하는 척, 알지도 못하면서 아는 척, 되지도 못하고 된 척, 없으면서도 있는 척, 이런 병 때문에 나오지 못하는 사람들이 많은 것 같다. 마음을 비우고 겸손한 마음으로 "주여 내가 죄인입니다"하면 쉬운데 그것이 어려운 것 같다.

그러나, 여기서 포기하고 주님에게 나오지 않으면 기회가 없다. 그리스도인들이 열심히 전도하는 이유도 여기에 있는 것이다.

믿는 것은 자기를 낮추는 행동이 없이는 불가능한 것이다. 그래서 주님께서 말씀하시기를 "아무든지 나를 따라오려거든 자기를 부인하고 자기 십자가를 지고 나를 좇을 것이니라"(마 16 : 25)고 하셨다.

아담이 하나님의 은혜 아래 있을 때에는 그는 아주 특별한 존재였다. 그래서 그는 특별한 사람만 들어 갈 수 있는 에덴에서 살았다. 그러나 그가 사단의 꼬임에 넘어가 범죄를 저지른 이후에는 더 이상 그는 특별한 존재가 아니었다. 죄가 그를 더럽게 만든 것이다. 그는 에덴에서 더 이상 살 수가 없었다. 그래서 에덴에서 추방을 당하고 말았던 것이다.

내가 특별한 존재가 되기 위해서는 어떻게 해야 하는가? 특별한 존재가 되기 위해서는 선을 행하여야 하는가? 아니다. 성경은 예수님을 믿음으로 구원을 받아 중생한 자에게 하나님께서 성령을 보내 주심으로 그가 성령의 사람이 되어 특별한 존재가 됨을 말씀해 주고 있다. "누구든지 그 안에 예수의 영이 없으면 예수의 사람이 아니라"고 말하고 있다. 예수의 영이 있어야 하는 것이다.

즉 예수님을 믿으면 특별한 존재가 될 수 있다. 내가 잘나서가 아니라 예수님 덕분인 것이다. 왜 예수를 믿어야 하는지 알겠는가? 특별한 존재가 되기 위한 것이 예수를 믿어야 하는 첫 번째 이유이다.

어린이 찬양 가운데 "주의 이름을 부르는 자는 구원을 얻으리로다"라는 구절이 있다. 부르기만 하면 된다는 것이다. "주여! 나는 당신이 필요합니다"라고 고백하라. 주님은 당신의 외침을 기대하고 계신다.

하나님께서 당신을 부르고 계신다.

② 죄가 무엇인가?

죄란 하나님의 피조물인 인간이 하나님을 떠나 사단 마귀의 말을 듣는 것이다. 자기를 창조하신 하나님의 말을 듣지 않고 사단의 말을 들어서야 되겠는가? 성도는 세상의 음성을 듣는 것이 아니라 오로지 하나님의 말씀만을 들어야 한다.

따라서, 죄란 하나님의 말씀을 듣지 않은 불순종, 하나님을 떠난 불신앙을 말하는 것이다. 인간이 하나님의 말씀을 듣지 않고 사단의 말을 들음으로 하나님에게서 멀어지게 되었다. 결국 죄란 그의 삶 가운데 하나님이 계시지 않는 것이다. 잘못된 만남이 엄청난 결과를 가져왔다. 아담이 하나님의 말씀을 거역하고 선악과를 먹는 순간 하나님에게서 그들은 멀어졌다.

하나님의 말씀 = 먹는 날에는 정녕 죽으리라.

하와의 말 = 죽을까 하노라.

사단의 말 = 죽지 않고 눈이 밝아진다.

위의 내용을 보니 하나님의 말씀이 점점 변질되어 가는 것을 볼 수 있다. 성경은 하나님의 말씀은 일점일획도 변함이 없다고 말씀하고 있는데, 하와에게서 하나님의 말씀이 변질되고 있음을 볼 수 있다. 사단은 하나님의 말씀을 변질 왜곡시켜서 하와에게 말하기를 먹으면 지금보다 훨씬 좋아지며, 죽지 않을뿐더러 눈이 밝아지며 놀라운 일이 일어날 것이라고 하와에게 속삭이고 있는 것이다.

하와에게 기대감을 주므로 인하여 하와가 결국 선악을 알게 하는 나무의 열매를 먹게 된 것이다. 창세기 3장 6절을 보면 "여자가 그 나무를 본즉 먹음직도 하고 보암직도 하고 지혜롭게 할 만큼 탐스럽기도 한 나무인지라" 평상시에 보던 평범한 그 나무가 아니었다. 새롭게 보이기 시작한 것이다. 호기심이 생기게 되었고 먹고 싶은 마음이 들기 시작하였다. 그래서 자기도 따먹고 아담에게도 준 것이다. 이들이 이 열매를 먹고 죄를 범한 결과는 실로 엄청났다.

③ 죄의 결과

"죄의 삯은 사망이요"(롬 6:23)

ㄱ. 영적인 죽음이 왔다.

사단은 하와에게 죽지 않는다고 그것도 그냥 죽지 않는 것이 아니라 결코 죽지 않는다고 하였지만 하나님이 말씀하신대로 인간에게는 죽음이 찾아 왔다. 아담이 범죄함으로 제일 먼저 찾아 온 것은 영적인 죽음이다. 이것은 하나님과의 관계 단절을 말하는 것으로서 인간과 하나님은 더 이상 과거와 같은 친밀한 교제를 할 수 없게 된 것이다.

창세기 3장을 보면 범죄를 저지른 이후 아담과 하와는 하나님을 피해 숨어서 사는 신세가 되었다. 이것은 하나님과의 교제 단절을 보여주는 것으로 영적인 죽음을 말하는 것이다. 사람은 영적인 존재로서 하나님과의 영적인 교제가 없이는 잠시도 살 수 없는 존재이다. 그러나 죄 때문에 인간이 하나님을 만날 수 없게 되었다.

숨어 있는 아담과 하와에게 오셔서 그들의 죄를 물으시고 그들이 입고 있던 무화과 잎으로 만든 치마 대신에 가죽옷을 만들어 입히심으로 앞으로 있을 하나님의 구속을 그림자로 보여 주셨다. 또한 하나님께 나아갈 수 없는 사람들을 위하여 하나님께서 죄인들이 하나님 앞에 나올 수 있는 통로를 만들어 주셨는데 바로 제사를 통하여 나아갈 수 있는 길을 열어 주셨다.

제사는 죄인이 하나님께로 나아가는 유일한 통로이다. 이 제사를 하나님께서 받으시고 죄인의 죄를 해결해 주시는 것이다. 제사가 보여주는 것은 앞으로 인류를 위하여 이 땅에 화목제물로 오실 예수 그리스도를 보여 주는 그림자, 즉 예표인 것이다. 이와 같은 하나님의 약속을 따라 하나님께서 사람의 몸을 입고 인간을 찾아오셨다. 하나님으로서 사람의 몸을 입고 이 땅에 오셨는데 그분이 바로 참 하나님이시며 참 사람이신 예수 그리스도이시다. 이 예수님께서 하나님과 인간 사이에 교제할 수 있는 통로를 열어 주셨다. "내가 곧 길이요 진리요 생명이니 나로 말미암지 않고는 아버지께로 올 자가 없느니라"(요한복음 14:6)

ㄴ. 그 다음에 육체적 죽음이 왔다.

아담과 하와가 에덴에서 쫓겨난 후 이들 사이에서 아이들이 태어났는데 가인과 아벨이었다. 이들이 성장한 후 하나님 앞에 제사를 드리며 살던 어느 해의 일이다. 가인은 가인대로 하나님께 제사를 드리고, 아벨은 아벨대로 하나님께 제사를 드렸다. 그런데 하나님께서는 아벨의 제사는 받으시고 가인의 제사는 받지 않으셨다. 이 일로 화가 난 가인이 하나님의 경고에도 불구하고 들판에서 동생 아벨을 죽이는 살인 사건이 일어나게 되었다.

이것은 죄의 결과로서 최초의 살인을 말해 주고 있는 것이다. 이 죽음은 죄의 결과로서 죄가 얼마나 무서운 것인가를 보여 준다. 죄를 피하라, 죄를 멀리하라, 그럴 때 하나님께서 우리와 함께 하신다.

"너희가 이 열매를 먹는 날에는 정녕 죽으리라"하신 말씀대로 사람들에게 살인이 아닌 자연적인 죽음이 서서히 찾아오게 되었다. 창세기 5장을 보면 상세하게 나타나 있다. "낳고…… 낳았으며…… 죽었더라, 낳고…… 낳았으며…… 죽었더라." 누가 누구를 낳고 누구를 낳았으며 몇 년을 살고 죽었더라. 결론은 죽음으로 끝을 맺고 있음을 본다. 선악을 알게 하는 나무의 열매를 먹은 이후 율법 아래의 삶은 죽음이라는 것을 보여 주는 것이다. 하나님의 은혜 안에 들어와 그리스도와 연합하여 생명을 누리는 성도가 되어야 한다.

20. 여인의 후손과 뱀의 후손

●○
"내가 너로 여자와 원수가 되게 하고 너의 후손도 여자의 후손과 원수가 되게 하리니 여자의 후손은 네 머리를 상하게 할 것이요 너는 그의 발꿈치를 상하게 할 것이니라 하시고"(창 3:15)

죄를 지은 아담과 하와에게 오셔서 가죽옷을 해 입히시고 사람들에게 최초의 복음을 주시는데 창세기 3장 15절의 말씀이다. 여기서 여인의 후손은 예수 그리스도이며, 뱀의 후손은 사단 마귀로서 이 하나님의 약속을 우리는 원시복음이라고 말한다. 이 둘의 관계를 서로 적대관계로 만드신 것은 하나님의 은혜이다. 만일 이 둘이 서로 우호적인 관계라면 어떻게 되겠는가? 생각만해도 끔찍한 일이다.

이 약속이 십자가 위에서 이루어졌다. 예수 그리스도가 십자가에서 죽으실 때는 사단이 승리한 것처럼 보였지만, 그러나 예수 그리스도가 부활하심으로 인하여 사단은 역전패를 당하고 만 것이다. 결국 예수 그리스도는 발꿈치를 상한 사건이요, 사단은 머리에 말뚝이 박힌 치명타를 입은 사건이다. 결국 예수 그리스도의 승리로 모든 일이 결판이 났다.

여기에 덧붙여 우리가 알아야 할 것은 예수 그리스도가 쓰신 가시면류관은 창세기 3장 18절에서 인간이 범죄한 이후 땅이 저주를 받아 가시덤불과 엉겅퀴를 내었는데 주님이 쓰신 가시면류관이 땅을 회복시키시는 결과를 가져왔다. 예수 그리스도의 구속은 온전한 회복을 가져온 것이다. 가시덤불과 의복은 인간의 범죄에 대한 저주의 상징이다. 이것에 대하여 하나님께서 죽음과 피로 만들어진 가죽옷을 지어 사람에게 입히심으로 이로 인하여 우리의 죄와 수치가 가려진 것이다. 아담과 하와가 타락하기 전에는 영광의 옷으로 입혀졌었다. 이제는 예수 그리스도로 인하여 회복되어졌다.

21. 돌아갈 인생

●○

"내 영혼아 네 평안함에 돌아갈지어다 여호와께서 너를 후대하심이로다 저희가 나온 바 본
향을 생각하였더면 돌아갈 기회가 있었으려니와"(시 116:7, 히 11:15)

"너는 흙이니 흙으로 돌아갈 것이니라"(창 3:19) 이 말씀은 하나님께서 사람을 흙으로 만드셨는데 사람이 죄를 범한 후 하나님께서 사람에게 내리신 벌이다.

시편 90:3 "주께서 사람을 티끌로 돌아가게 하시고 말씀하시기를 너희 인생들은 돌아가라 하셨사오니"라고 하셨는데 역시 같은 의미 안에서 주어진 말씀이다. 결국 죽음이 인생에게 있음을 보여 준다.

사람이 죽으면 돌아가셨다고 한다. 이 말을 풀어서 살펴본다면 사람이 죽음으로써 모든 것이 아주 끝난 것이 아니라 다시 어디로인가 본향으로 돌아간다는 것이다. 다시 말하면 온 곳으로 되돌아간다는 뜻이다.

베드로 사도가 베드로전서 1:17에서 언급한 것처럼 "외모로 보시

지 않고 각 사람의 행위대로 판단하시는 자를 너희가 아버지라 부른즉 너희의 나그네로 있을 때를 두려움으로 지내라"고 함으로써 인생의 삶을 나그네라고 표현하고 있다.

여기서 나그네라는 말을 간과해서는 안 된다. 고향을 떠나 온 사람을 일컫는 말이다. 다시 말해서 우리 모두가 나그네라는 것이다. 나그네는 나그네 의식을 가지고 살아야 한다. 나그네는 짐이 많으면 안 된다. 짐은 적을수록 좋다. 나그네는 모든 것을 빌려 쓰다가 가는 것이다. 가지고 있다고 내 것이 아니다. 돌아갈 때는 다 내려놓고 가야 하는 것이다.

물질에 애착을 가지다가는 롯의 처와 같이 된다는 것을 우리에게 보여 주고 있으며, 아나니아와 삽비라를 통해서 가르쳐 주고 있는 것이다. 항상 있는 것으로 만족할 줄 아는 자족하는 신앙이 필요하다. 사도바울은 우리에게 이것을 가르쳐 주고 있다.

빌립보서 4:11-13을 보면 "내가 궁핍하므로 말하는 것이 아니라 어떠한 형편에든지 내가 자족하기를 배웠노니 내가 비천에 처할 줄도 알고 풍부에 처할 줄도 알아 모든 일에 배부르며 배고픔과 풍부와 궁핍에도 일체의 비결을 배웠노라 내게 능력 주시는 자 안에서 내가 모든 것을 할 수 있느니라"고 말씀하고 있다.

사람들은 온 곳으로 돌아가야 하는데 돌아가지 못하는 사람들이 있다. 어디를 가든지 집도 제대로 못 찾아가 미아가 되기도 하고, 여행을 간 곳에서 일행을 잃어버리고 헤매는 사람이 있듯이 천국으로 돌아가지 못하고 엉뚱한 데로 가는 사람들이 있다. 이들이 가는 곳은 음부라고도 하고 스올이라고도 하며, 하데스라고 하는 지옥이다.

요나가 하나님의 말씀에 순종하지 않고 도망가다가 바다에 던져져서 죽게 될 때에 하나님께서 큰 물고기를 통하여 요나를 삼키게 하셨다. 이 때 요나가 하는 말이 "내가 스올의 뱃속에서 부르짖나이다"라고 함으로 물고기 뱃속의 고통을 지옥의 모습으로 표현하였다. 이와 같이 어둡고 컴컴하며 사람이 도저히 살 수 없는 정도의 장소이며, 최악의 고통이 있으며, 최고의 형벌과 영원한 불 못과 죽지 못하는 영원한 고통이 있는 곳이 바로 지옥이다. 이러한 곳으로 가는 사람들이 있다.

우리는 돌아갈 인생, 본향을 그리워하는 나그네로서의 삶을 완성한 후 하나님의 나라에 들어가는 성도가 되어야 한다. 여기 이 땅에서 나에게 주어진 시간이 선택할 수 있는 유일한 시간이다. 이 시간이 지나가면 다시는 기회가 없다. 후회하지 말라. 롯의 처는 기회가 있었지만 그 기회를 놓쳐 버리고 말았다. 기회는 항상 있는 것이 아니다. 주어진 시간 동안 자기를 만들어 가는 것이 지혜로운 사람이다.

구약성경을 보면 나발이라고 하는 사람이 나오는데 그의 아내는 아비가일이었다. 나발은 미련하고 자기 밖에 모르는 이기적인 사람이었다. 반면에 그의 아내 아비가일은 참으로 지혜로운 여인이었다. 하루는 다윗이 청년들을 나발의 집으로 보내어 먹을 것을 얻어오라고 보냈더니 나발이 역정을 내며 이들을 빈손으로 그냥 돌려보냈다.

　잠시 외출했다가 돌아온 아비가일이 이 일을 알고 즉시 먹을 것을 준비하여 다윗을 찾아감으로 화를 면하였으며, 후일에 다윗이 왕위에 올랐을 때에 아비가일을 왕비로 삼아 다윗의 아내가 되는 영광을 얻게 된 것이다. 기회는 오지만 누구나 기회를 잡는 것은 아니다.

　"보라 지금은 은혜 받을 만한 때요 보라 지금은 구원의 날이로다"

　(고후 6:2)

22. 에덴에서 추방당함

●○

"여호와 하나님이 가라사대 보라 이 사람이 선악을 아는 일에 우리 중 하나같이 되었으니 그가 그 손을 들어 생명나무 실과도 따먹고 영생할까 하노라 하시고 여호와 하나님이 에덴 동산에서 그 사람을 내어 보내어 그의 근본된 토지를 갈게 하시니라"(창 3:22-23)

아담과 하와가 뱀의 꾀임에 넘어가 범죄한 이후에 이들은 더 이상 에덴 동산에서 살지 못하고 쫓겨 나왔다. 에덴 동산은 죄인이 들어갈 수 있는 곳이 아니다. 에덴 동산은 의인들만이 들어가는 곳이요 하나님의 형상을 입은 자만이 들어갈 수 있다. 하나님께서는 생명나무의 실과를 보호하기 위하여 이들을 에덴에서 추방한 것이다. 죄 아래에서의 영생은 복이 아니기 때문이다. 죄 가운데서 영생하는 것은 오직 고통뿐인 것을 아시고 하나님께서 이들을 에덴에서 내보내신 것이다.

이것이 종말에 가서 요한계시록 22장 14절에서 보면 그 동안 닫혔던 생명나무의 길이 열리게 된다. 대제사장이신 예수 그리스도가 십자가에 달려 돌아가시는 순간 성소의 휘장이 위에서부터 아래로 찢어지면서 열린 새로운 길이다. "그 길은 우리를 위하여 휘장 가운데로 열어 놓으신 새롭고 산 길이요 휘장은 곧 저의 육체니라"(히 10:20).

이 사건을 통해서 우리가 알 수 있는 것은 사단이 하나님과 같아지려고 하다가 타락하여 하늘에서 추방당한 것처럼 사람에게도 너희가 이 열매를 먹으면 하나님처럼 눈이 밝아진다고 한 것에서 "하나님처럼" 되라고 유혹한 것과 그들이 하늘에서 추방당한 것처럼 아담과 하와도 에덴에서 추방당하게 된 것이다. 우리도 사단 마귀의 유혹을 물리치지 못하면 동일한 결과를 초래할 수밖에 없다는 것을 명심해야 한다.

에덴은 천국을 상징적으로 보여 주고 있다. 우리가 에덴에 들어갈 수 있는 유일한 방법은 양의 문이신 예수 그리스도를 통해서만 들어갈 수 있다. 예수님이 이 땅에 오셨을 때 세례 요한이 예수님의 오심을 선포할 때에 그가 외쳤던 내용이 "회개하라 천국이 가까웠느니라"이었으며, 예수님의 선포도 동일하였다. 성경은 천국의 모습을 여러 가지로 표현하고 있다.

예를 들면 요한복음에서는 영생으로, 공관복음서에서는 하나님의 나라로 표현되었다. 그러나 이것은 가장 알기 쉬운 부분이다. 숨겨져 있는 부분들도 꽤 있음을 우리는 알아야 한다. 다음을 보면 더 정확히 알 수 있을 것이다.

성경은 우리가 처음부터 성경이 의도하고 있는 부분으로 들어가야 할 것을 보여 주고 있다.

창조 때에 아담은 흙으로부터 에덴으로 들어가야 하며, 갈대아 우르에 있던 아브람은 가나안에 들어가야 하며, 노아는 방주로 들어가야 하며, 이스라엘은 애굽에서 나와 가나안으로 들어가야 한다. 신약에서 바울 사도는 우리가 예수 그리스도 안으로 들어가야 할 것을 말씀하고 있다. 이 모든 것이 천국을 예표론적으로 보여 주고 있다. 우리는 예수 그리스도를 통하여 잃어버린 에덴을 회복하여야 한다.

23. 아벨은 예수 그리스도의 모형

●○

"아벨은 자기도 양의 첫 새끼와 그 기름으로 드렸더니 여호와께서 아벨과 그 제물은 열납
하셨으나"(창 4:4)

아담의 범죄로 인하여 죄인인 사람이 하나님 앞에 나아가지 못하게
되었으며 인간 스스로가 하나님을 만날 수 없게 되었다. 죄악의 담이
하나님과 인간들 사이에 세워진 때문이다. 그러나 하나님의 은혜로 제
사를 통하여 하나님 앞에 나갈 수 있는 길이 열렸다. 그 때부터 사람들
은 자신들의 죄를 용서받기 위하여 하나님 앞에 제사를 드렸다. 이 제
사를 드림으로 인하여 하나님과 교제를 할 수 있었고, 죄로부터 얼마
간은 자유로울 수가 있었다.

이렇게 제사를 통하여 하나님과의 교제를 이룰 수 있었던 아담과
그의 아들들이었다. 그러던 어느 해인가 가인과 아벨이 하나님 앞에
제사를 드릴 때의 일이다. 가인은 농사를 짓는 사람이라 자기가 농사
지은 곡식을 제물로 하나님께 드렸고, 아벨은 지금까지 해오던 방식대

로 양을 잡아서 기름과 함께 제사를 드렸다. 이렇게 드려진 제사를 하나님께서 아벨의 제사는 받으시고 가인의 제사는 받지 않으셨다. 이 일로 인하여 가인의 마음이 좋지 않았다.

그러던 어느 날 가인이 동생 아벨을 들로 불러서 아벨을 돌로 쳐서 죽였다. 아벨은 형 가인에게 돌에 맞아 죽은 것이다. 자기의 제사가 하나님께 받아들여지지 않은 것에 불만을 가지고 있던 가인이 아벨을 들로 유인하여 동생 아벨을 죽인 것이다.

이것은 예수 그리스도가 인류의 대속을 위하여 같은 동족들에 의하여 죽임을 당할 것을 보여 주고 있는 것이다. 아벨의 제사는 예수 그리스도의 십자가의 대속과 같이 속죄의 의미를 담고 있으며, 이 제사로 인하여 아벨도 그리스도도 같은 죽임을 당했다. 우리는 여기서 예수 그리스도의 희생과 아벨의 삶을 조명해 볼 필요가 있다. 왜냐하면 너무나 유사한 부분들이 많이 있기 때문이다. 아벨은 그리스도의 모형이다.

아벨이 바친 양은 아벨을 위하여 죽으므로 아벨의 죄를 용서받게 하였다. 그리스도는 그의 양들을 위해서 죽었으며, 그 양들의 죄를 속죄시킨 것이다. 그 양은 바로 나와 여러분인 것이다. 사단은 늘 성도를 공격한다. 가인은 사단의 모형이다. 사단은 지금도 성도들을 예배의 실패자로 만들기 위하여 교묘하게 역사하고 있다. 우리는 이 꼬임에 넘어가지 않아야 한다.

24. 아벨이 보여 주는 것은 무엇인가?

●○

"가인이 그 아우 아벨에게 고하니라 그 후 그들이 들에 있을 때에 가인이 그 아우 아벨을 쳐죽이니라"(창 4:8)

가인의 살인을 통하여 죄의 결과인 사망을 보여 주며, 제사를 통하여 하나님께 나아갈 수 있게 하신 하나님의 은혜를 보여 준다.

"죄의 삯은 사망이요 하나님의 은사는 그리스도 안에 있는 영생이니라"

(롬 6:23)

1) 죄짓지 말라. 죄는 무서운 것이다.

아담이 지은 죄의 결과로 죽음이 이 땅에 오게 되었고 아담의 아들인 아벨이 최초로 죽음을 당하였다. 이처럼 죄는 무서운 것이다. 동생인 아벨이 형에게 죽임을 당한 것이다. 아담은 자신이 지은 죄로 말미암아 두 아들을 잃어버렸다. 아벨은 형에게 돌에 맞아 죽었고, 가인은 하나님께서 세상에서 유리방황하는 자가 되게 하심으로 둘 다 부모 곁을 떠난 것이다.

그리고, 아벨만 죽은 것이 아니라 그 아들도 죽었던 것이다. 다시 말해서 아벨만이 아니라 하나님의 아들 예수 그리스도께서도 십자가 위에서 죽었다는 말이다. 이와 같이 죄는 무서운 것이다. 아무 죄도 없으신 예수 그리스도가 십자가에서 죽으신 것은 죄인인 우리들을 위해서 죽으신 것이다. 이 사실을 입으로 시인하고 마음으로 믿기만 하면 우리는 구원을 받을 수 있는 것이다.

"사람이 마음으로 믿어 의에 이르고 입으로 시인하여 구원에 이르느니라"(롬 10 : 10)

2) 죄인이 어떻게 하면 하나님 앞에 나아갈 수 있는가를 보여 주고 있다.

하나님 앞에서 범죄한 인간은 하나님 앞에 나아갈 수 없다. 그러나 하나님께서 유일한 통로를 만들어 주셨는데 죄인이 하나님 앞에 나아갈 수 있는 길은 제사를 통해서이다. 제사란 하나님을 만날 수 있는 방법을 하나님께서 죄인들에게 가르쳐 주신 것이다. 구약의 제사가 신약에 와서는 예배로 바뀌게 되었는데 예수 그리스도가 십자가에 달려 죽으심으로 인하여 죄에 대한 율법의 요구를 다 이루었다. 따라서 구약의 예배가 예수 그리스도의 단번 제사로 완성되었다.

신약의 예배란 곧 하나님을 만나는 것으로서 구약의 제사와 의미는 같으나 내용은 전혀 다른 것이다. 우리는 성공적인 예배를 드려야 한다. 예배에도 실패한 예배와 성공적인 예배가 있는데 성공적인 예배는 하나님을 만나야 하는 것이다. 아벨은 자신이 드린 제사를 통하여 하나님을 만났다. 제사를 통하여 하나님을 만난 아벨은 그 제사로 인하여 형의 시기를 받게 되었고 결국 형의 손에 죽으므로 그는 최초의 순교자가 되었던 것이다.

3) 예배의 본질이 무엇인가?

예배의 본질은 앞에서 언급한 것처럼 하나님을 만나는 것이다. 시간마다 예배를 드리며 하나님 만나기를 기대하라. 하나님을 만난 예배라야 참 예배인 것이다. 기도를 통하여, 말씀을 통하여, 찬양을 통하여 하나님을 만난 자가 진정한 예배의 성공자인 것이다.

요한복음 4:23-24을 보면 "아버지께 참으로 예배하는 자들은 신령과 진정으로 예배할 때가 오나니 곧 이 때라 아버지께서는 이렇게 자기에게 예배하는 자들을 찾으시느니라 하나님은 영이시니 예배하는 자가 신령과 진정으로 예배할지니라"고 하셨다.

예배는 내 뜻대로가 아니라 하나님의 뜻대로 드려야 한다. 아벨은 양의 첫 새끼와 그 기름으로 하나님께 제사를 드렸으나, 가인은 땅의 소산으로 하나님께 드렸다. 둘 다 정성을 다하여 드렸지만 하나님께서는 아벨의 제사는 열납하셨고, 가인의 제사는 열납하지 않으셨다. 이것은 아벨의 제사는 하나님의 마음에 들었지만 가인의 제사는 아니었다는 것이다.

즉 아벨은 하나님이 원하시는 뜻대로 드렸지만, 가인은 자기 마음대로 하나님께 드린 것이다. 우리 입장에서 보면 충분히 이해가 된다. 우리는 "농사짓는 가인이 자기가 농사를 지은 것으로 드린 것이 무엇이 잘못인가?"라고 할 수 있다. 그러나 이것은 크게 잘못된 것이다. 신앙이란 내 뜻대로 사는 것이 아니라 하나님의 뜻대로 사는 것이 신앙의 기본인 것이다.

가인은 농사짓는 사람으로 제사 때만 되면 참으로 난감했다. 동생한테 가서 농사를 지은 곡식을 주고 가져오던가 아니면 아쉬운 소리를 하고 얻어 오든가 해야만 제사를 드릴 수 있었다. 어떻든지 제사 때만 되면 나름대로 스트레스가 이만저만이 아니었다. 그래도 서로 화목하게 지낼 때는 괜찮았다. 서로 다투고 기분 나쁜 일이라도 있어서 서로 말도 하지 않고 지낼 때에는 제사가 돌아와도 큰일이었다.

그러던 어느 날 제사드릴 때가 되었다. 가인은 생각하였다. "아무리 하나님이시지만 나의 형편과 처지를 다 알고 계시는데 뭐 별탈이야 있겠는가?" 하는 생각에 자기가 농사를 지은 것으로 하나님께 제사를 드렸다. 그러나 가인의 생각과 같이 하나님께서 그의 처지를 아시고 받아주신 것이 아니라 그의 제사를 받지 않으셨다.

제사는 하나님께 드리는 것이다. 제사를 정하신 분도 하나님이시다. 그 제사는 사람을 위하여 하나님께서 제정하신 것이다. 가인은 그 제사의 본질을 잃어버린 것이다. 자신을 위한 제사를 드리면서도 하나님을 위하여 드려 주는 것처럼 생각했던 것이다. 내가 드리는 제사를 하나님께서 받아 주심에 감사하라. 이것이 제사의 본질이다.

오늘 우리가 드리는 예배는 어떠한 예배인가? 나는 예배를 드리러 가는 사람인가? 예배를 보러 가는 사람인가?

4) 성공적인 제사는 어떻게 드린 제사인가를 보여 주고 있다.

하나님이 받으시는 성공적인 제사는 자신이 죽는 제사다. 구약의 제사는 소나 양이나 염소나 비둘기 등의 희생제물을 잡아서 하나님께 드렸는데, 신약의 예배는 제물을 드리는 것이 아니라 성도 자신이 제물이 되어 하나님께 드려지는 것이다. 구약의 제사에서는 제물이 죽어서 드려짐으로 제사가 완성되듯이 신약의 예배도 예배 드리는 자신이 하나님 앞에서 죽어야 하는데 육신이 죽는 것을 말하는 것이 아니라 예배 드리는 사람의 자아가 죽어야 하는 것이다.

따라서 예배 시간은 내가 죽는 시간이다. 예배를 많이 드린 사람이라면 그 만큼 많이 자신의 육의 성품이 죽어지고 그리스도의 향기가 나타나야 하는 것이다.

우리는 주위에서 신앙의 연조만을 자랑하는 사람들을 많이 본다. 신앙의 연조도 중요하지만 매시간마다 하나님을 만나 날마다 변화되는 삶을 살아야 한다. 이것이 진정한 예배의 정신인 것이다.

신약에서는 "너희 몸을 하나님이 기뻐하시는 거룩한 산 제물로 드리라"함과 같이 우리가 제사를 드리는 제주이면서 또한 우리 몸이 하나님 앞에 제물인 것이다. 그러므로 우리가 있는 그곳이 제단 곧 제사 드리는 곳이요 우리가 제물인 것이다. 따라서 항상 하나님 앞에서 예배자의 정신을 가지고 살아야 할 것이다. 이것이 코람데오(Coram Deo)의 정신이다.

5) 가인과 아벨은 영적 전쟁을 보여 주고 있는 것이다.

가인과 아벨, 이 둘은 외형적으로 볼 때는 형제였지만 조금 더 깊이 들어가 영적으로 보면 이들은 서로 대적의 관계였다. 아벨은 하나님의 구속사적인 일들을 이루어야 할 사명을 가지고 태어난 사람이었다. 이러한 아벨을 사단의 입장에서는 그대로 두어서는 안 된다. 어떻게 하든 하나님의 뜻이 이루어지지 못하도록 방해를 해야 하는 것이다. 이런 사단의 방해에도 불구하고 끝까지 아벨은 제사를 하나님의 뜻대로 순종하여 완성했던 것이다.

그러나 성경을 보면 가인은 아벨을 통하여 이루시고자 하는 하나님의 계획을 방해하려는 사단의 도구로 사용되고 있는 것이다. 영적 세계의 갈등이 얼마나 무서운 것인가를 보여 주고 있는 것이다. 오늘 우리는 세상에 나아가 하나님의 영적인 군사로 하나님의 거룩한 사역을 방해하는 사단의 세력에 대항하여 싸워 이겨야 한다.

가인은 사단을 위한 불의의 병기로 사용되어지고 있으며, 아벨은 하나님의 역사를 이루기 위한 의의 병기로 쓰임 받고 있다.

가인은 예배를 드렸으나 죽지 않고 살았다. 뿐만 아니라 오히려 동생을 죽이는 죄를 범하였다. 예배의 실패자는 예배의 실패 그것으로만 끝나는 것이 아니다. 가인이 우리에게 주는 교훈이다. '우리는 예배의 진정한 성공자가 되어야 한다'.

6) 죽으면 안 되는 사람 아벨

아벨이 죽어서는 안 된다. 그러나 아벨이 죽었다. 사단은 하나님의 인간을 위한 구속사적인 계획을 알고 있었다. 이 계획을 안 사단은 어떻게 해서라도 하나님의 계획을 저지해야 하는 것이다. 그러기 위해서는 아벨을 죽여야만 하는 것이다. 아벨이 죽기만 하면 하나님의 역사가 끝나는 것으로 알았던 것이다. 그러나 하나님의 인류구속의 역사가 여기서 끝나면 안 된다.

그래서 아벨 대신에 하나님께서 셋을 주신 것이다. 로마서 6장 23절에 "죄의 삯은 사망이요 하나님의 은사는 그리스도 예수 우리 주 안에 있는 영생이니라"고 하심으로 사망만 역사하는 것이 아니라 하나님의 은혜도 역사하고 있음을 언급하고 있는 것이다. 아벨 대신에 셋을 주셔서 그의 역할을 계속 이어 나가도록 하고 계신 것이다.

25. 셋이 보여 주는 것은 무엇인가?

●○
"아담이 다시 아내와 동침하매 그가 아들을 낳아 그 이름을 셋이라 하였으니 이는 하나님이 내게 가인의 죽인 아벨 대신에 다른 씨를 주셨다 함이며"(창 4:25)

셋은 아벨 대신에 주신 아들로 우리는 여기서 하나님의 분명한 계획과 의지를 볼 수 있는 것이다.

1) 하나님의 인류 구속에 대한 계획의 지속성을 보여 준다

사단이 하나님의 계획을 알고 아벨을 죽였으나, 하나님께서 사단의 방해 공작에도 불구하고 하나님께서 셋을 주시므로 하나님의 역사가 계속되고 있음을 보여 준다. 셋은 아벨을 대신한 아들이다. 즉 셋의 삶은 아벨의 삶인 것이다. 창세기 4장 25절에 "아담이 다시 아내와 동침하매 그가 아들을 낳아 그 이름을 셋이라 하였으니 이는 하나님이 내게 가인의 죽인 아벨 대신에 다른 씨를 주셨다 함이며"라고 하였다.

셋은 아벨 대신에 주신 다른 씨지만 그의 역할은 아벨의 역할을 감당해야 한다. 아벨이 죽었으므로 아벨의 빈 자리를 셋이 채워야 하는 것이다.

이 셋을 통하여 하나님은 우리에게 "나는 사단의 그 어떠한 방해에도 불구하고 나의 뜻을 이루며 나의 계획을 진행해 나가는 하나님이다"라는 것을 보여 주신다. 셋은 자신만의 독특한 삶을 살도록 태어난 것이 아니라 아벨의 빈 자리를 채워야 하는 역할을 맡은 자로서 출생한 것이다. 죄로 죽을 우리 대신에 예수 그리스도가 십자가에 달려 돌아가셨듯이, 셋이 아벨의 빈 자리를 채워 줌으로써 하나님께서 인간들에게 계획하신 구속의 사역, 그 일들을 계속해서 진행해 나갈 수가 있었던 것이다.

2) 또한 셋은 대타 이상의 역할을 감당했던 것이다

창세기 4장 26절을 보면 "셋도 아들을 낳고 그 이름을 에노스라 하였으며 그 때에 사람들이 비로소 여호와의 이름을 불렀더라"고 말씀하고 있다. 우리도 이와 같이 하나님께 영광을 돌리는 삶이 되어야 한다. 피조물의 목적이 무엇인가? 하나님께 영광을 돌리며 영원토록 그를 즐거워하는 것이다.

셋은 아벨이 죽었을 때 하나님께서 아담에게 아벨 대신에 주신 아들이다. 조금 더 영적으로 깊이 들어가 보자. 셋을 통해 하나님께서 보여 주시는 것은 하나님의 계획은 사단의 방해에도 불구하고 계속된다는 것이다.

우리를 구원하시는 하나님의 계획에는 한 치의 차질도 없음을 보여 주고 있다. 반드시 내가 너를 구원하겠다는 하나님의 의지를 볼 수 있다. 하나님의 구원의 그림은 아담에서 아벨로, 아벨에서 셋으로, 셋에서 에녹으로, 에녹에서 노아로, 노아에서 아브라함으로 그리고 이삭, 야곱, 요셉으로 이어지고 있다.

셋의 역할을 보면 셋은 아벨의 대타이다. 죽은 아벨이 죽음으로 끝이 난 것이 아니라 셋으로 다시 태어난 것이다. 즉 예수 그리스도가 십자가에서 죽고 그리스도 예수로 다시 부활하신 것을 예표로 보여 주고 있는 것이다. 아벨이 죽고 셋으로 태어난 것이다. 여담으로 셋이라고 하는 말은 삼을 말하고 있지 않은가? 예수님께서 삼일 만에 부활하실 것을 보여 준 것이 아닌가? 순전히 내 생각이다. 히브리어가 아닌 순수한 한국어로 볼 때 그렇다는 것이다.

우연의 일치이겠지만 하나님은 우연을 필연으로 역사하시는 분이시니까. — 말 속에 뼈가 있음을 놓치지 말기를 — 기독교는 부활의 종교이다. 다시 사는 종교임을 잊지 말아야 한다. 우리가 부르심을 받고 거듭나는 중생의 효과는 부활의 상징적 의미이다.

셋을 그냥 아벨의 자리를 메우는 아들로만 생각하지 말고 아벨이 부활한 것으로 의미를 부여해서 생각해 볼 수는 없을까? 과히 잘못된 생각은 아닐 듯싶다. 다시 말해서 셋은 아벨의 부활을 상징적으로 보여 주며, 앞으로 있을 예수 그리스도의 부활을 보여 주고 있는 것이다. 이 모두가 하나님의 은혜의 역사이며, 앞으로 있을 하나님의 계획의 일부를 보여 주고 있는 것이다.

3) 셋은 아벨의 역할을 감당해야 한다

셋은 기본적으로 아벨의 역할을 통해서 하나님께 영광을 돌려야 하는 것이다. 그러면 아벨이 보여 주려고 했던 것이 무엇인가? 죄인은 스스로 구원할 수 없으며 하나님의 은혜가 아니고서는 안 된다는 것이다. 인류의 구속은 전적인 하나님의 계획으로부터 나온 것으로 하나님의 은혜의 표현이다. 따라서 셋은 하나님의 은혜를 보여주며, 구속받은 사람들은 하나님의 은혜로 사는 것이다. 지금도 하나님의 은혜는 우리에게 쏟아지고 있으나 우리가 그것을 발견하지 못하고 있는 것이다. 이 은혜의 역사는 사람에 의해 일어나는 것이 아니라 하나님의 강권적인 역사로서 노아가 하나님의 은혜의 정수를 보여 준다.

26. 깨어진 하나님의 형상

●○
"아담 자손의 계보가 이러하니라 하나님이 사람을 창조하실 때에 하나님의 형상대로 지으시되…… 아담이 일백삼십 세에 자기 모양 곧 자기 형상과 같은 아들을 낳아 이름을 셋이라 하였고"(창 5:1, 3)

하나님께서 사람을 창조하실 때에 창세기 1장 26절에서 "하나님이 가라사대 우리의 형상을 따라 우리의 모양대로 우리가 사람을 만들고 그로 바다의 고기와 공중의 새와 육축과 온 땅과 땅에 기는 모든 것을 다스리게 하자 하시고"하신 것처럼 사람은 하나님의 형상으로 만들어졌다.

여기서 하나님의 형상 개념은 매우 중요하다. 하나님의 형상은 그리스도의 형상이며(골 1:15), 그리스도의 형상으로 사람을 지으신 것은 앞으로 그리스도께서 사람 안에 들어오시기 위해서 사람을 하나님의 형상으로 만든 것이다.

이것을 아는 사단은 어떻게 해서든지 그리스도가 우리 안에 오시는 것을 막아야 한다. 그래야 사단이 사람들의 주인으로서 사람을 종처럼 부려먹을 수 있다. 그러기 위해서는 반드시 사람 안에 있는 하나님의 형상을 깨뜨려야만 하는 것이다. 그래서 가만히 에덴에 들어와 아담으로 하여금 죄를 짓게 만든 것이다. 그 결과 하나님의 형상이 깨어지고 사람의 형상으로 바뀌게 되었다.

창세기 5장 1절에서 3절까지 보면 "아담 자손의 계보가 이러하니라 하나님이 사람을 창조하실 때에 하나님의 형상대로 지으시되 남자와 여자를 창조하셨고 그들이 창조되던 날에 하나님이 그들에게 복을 주시고 그들의 이름을 사람이라 일컬으셨더라 아담이 일백삼십 세에 자기 모양 곧 자기 형상과 같은 아들을 낳아 이름을 셋이라 하였고" 라고 말씀하고 있다.

아담은 범죄한 후에 에덴에서 쫓겨 나와 자녀를 낳았는데 하나님의 형상이 아닌 자기의 모양 곧 자기의 형상을 닮은 아들을 낳았다는 것이다. 하나님의 형상이 파괴되고 사람의 형상으로 바뀐 것이다.

우리가 예수님을 영접하고 믿음 안에 들어올 때도 마찬가지다. 우리가 믿음에 견고하게 서면 사단은 처음에만 역사하다가 떠나고 만다. 그러나 우리가 흔들려 버리면 사단은 집요하게 쓰러뜨리기 위해서 얼마나 요동치는지 모른다. 믿음에 굳게 서서 견고한 믿음으로 사단이 오히려 포기하는 성도가 되어야 한다.

아담 안에 있던 하나님의 형상이 파괴되고 사람의 모양, 사람의 형상이 그 자리를 차지하게 되었다. 사람이 하나님의 형상 안에서 살아야 하는데 사람의 형상으로 바뀐 것은 원래의 본질에서 벗어난 것이다. 이것은 하나님의 형상인 하나님이신 그리스도가 이 땅에 사람의 형상을 입고 오실 것을 보여 주고 있다. 다시 말해서 예수 그리스도의 성육신을 보여 주고 있는 것이다.

빌립보서 2장 6절에서 8절을 보면 "그는 근본 하나님의 본체시나 하나님과 동등됨을 취할 것으로 여기지 아니하시고 오히려 자기를 비어 종의 형체를 가져 사람들과 같이 되었고 사람의 모양으로 나타나셨으매 자기를 낮추시고 죽기까지 복종하셨으니 곧 십자가에 죽으심이라"고 하셨다. 결국 예수 그리스도가 이 땅에 성육신하실 것을 보여 주고 있는 것이다. 예수 그리스도는 하나님의 아들이시지만 사람의 형상을 입고 이 땅에 오셔서 죄인들을 구속하시고 구원하실 것을 보여 주고 있는 것이다.

하나님께서는 말씀을 통해서도 말씀하시지만 환경을 통해서도 말씀하신다. 우리의 가정을 살펴보자. 남편과 아내의 관계를 통해서 예수님과 성도의 관계를 말씀하시고 있으며, 부모와 자식의 관계를 통해서 하나님과 우리의 관계를 부모와 자녀의 관계로 말씀하는 것이다.

자녀들이 속을 썩인다고 생각지 말라. 내가 하나님 앞에서 지금 그런 상태임을 하나님께서 말씀하고 계신 것이다. 영적인 귀가 열려 있고 눈이 열려 있다면 성경이 아니라도 환경을 통해서 말씀하시는 하나님을 보게 된다.

하나님이신 예수 그리스도가 사람의 형상을 입고 오심을 보여 주시기 위하여 이 본문 속에 이 그림을 숨겨 놓으신 것이다. 성경의 그림은 하나님의 구속 사역을 보여 주고 있다. 왜 이런 그림을 통하여 하나님께서 말씀하시는가?

그 이유는 한 두 개의 이야기로는 사람들이 믿지 않으니까 하나님께서 수많은 것들을 통하여 하나님께서 말씀하고 계신 것이다. 여러 개의 증거를 보임으로 믿게 하려는 하나님의 사랑이시다. 그러므로 이런 말씀을 열어 주실 때마다 우리 가슴속에서 그리스도를 향한 뜨거운 감동이 솟아 올라야 한다.

진정한 성육신의 의미는 무엇인가?

예수님께서 2,000년 전에 사람의 몸을 입고 이 땅에 오신 것으로 성육신이 끝난 것이 아니라는 것이다. 이것은 성육신의 전반전에 불과한 것이다. 파괴되었던 하나님의 형상이 그리스도가 오심으로 회복되었다. 그러면 회복된 것으로 끝나는 것이 아닌가? 아니다.

우리는 하나님께서 사람을 창조할 때에 하나님께서는 어떤 의도를 가지고 사람에게 하나님의 형상을 입히신 것인가? 이 질문을 한 후 거기서부터 시작해야 한다는 것이다.

그리스도가 내 안에 오시기 위하여 사람을 그리스도의 형상으로 만드신 것이라고 앞에서 말했다. 이제 십자가에서 그리스도가 회복한 하나님의 형상 안으로 그리스도가 오시기 위하여 육체로 오신 그리스도는 하늘로 올라가셔야만 한다. 그래서 예수님께서 계속해서 육체를 입고 오신 자신은 가야 한다고 말씀하시면서 제자와 따르는 사람들에게 성령을 보내시겠다고 말씀하고 있는 것이다.

"내가 아버지께 구하겠으니 그가 또 다른 보혜사를 너희에게 주사 영원토록 너희와 함께 있게 하시리니"(요 14:16)

"보혜사 곧 아버지께서 내 이름으로 보내실 성령 그가 너희에게 모든 것을 가르치시고 내가 너희에게 말한 모든 것을 생각나게 하시리라"(요 14:26)

"내가 아버지께로서 너희에게 보낼 보혜사 곧 아버지께로서 나오시는 진리의 성령이 오실 때에 그가 나를 증거하실 것이요"(요 15:26)

"그러하나 내가 너희에게 실상을 말하노니 내가 떠나가는 것이 너희에게 유익이라 내가 떠나가지 아니하면 보혜사가 너희에게로 오시지 아니할 것이요 가면 내가 그를 너희에게로 보내리니"(요 16:7)

부활체이신 예수 그리스도는 아버지께로 가시고 영이신 그리스도가 오셔야 하는 것이다. 우리 안에 오시기 위해서 이다. 그래서 오순절 성령강림 역사가 이루어지며 성도들 속에서 성령이 역사하신 것이다. 우리는 성령의 충만을 입어야 한다. 그리하여 영으로 오신 주님이 이제 나의 육체 속에서 성육신하셔야 하는 것이다.

그래서, 바울 사도가 갈라디아서 2장 20절에서 "내가 그리스도와 함께 십자가에 못 박혔나니 그런즉 이제는 내가 산 것이 아니요 오직 내 안에 그리스도께서 사신 것이라 이제 내가 육체 가운데 사는 것은 나를 사랑하사 나를 위하여 자기 몸을 버리신 하나님의 아들을 믿는 믿음 안에서 사는 것이라"고 하였다.

이것이 진정한 성육신의 의미인 것이다. 이제 주님이 내 안에 오셔서 나로 사는 것이 이루어져야 한다. 사람들이 나를 볼 때 예수님의 모습이 나타나야 하는 것이다. 이것이 그리스도인의 삶의 모습이다. 주님은 역사 속에 오신 주님만이 아니시다. 지금 내 안에서도 그리스도의 성육신이 이루어져야 한다.

우리의 전인격 지·정·의를 움직여서 그리스도화되는 성육신이 이루어져야 한다. 그 동안 내 중심의 삶을 살았던 우리가 아닌가? 하나님의 형상을 입고도 그 형상의 의미를 몰랐던 우리, 그것 때문에 하나님께서 얼마나 마음이 아프셨겠는가? 하나님은 과거를 묻지 않는 분이시다.

이제부터라도 그리스도의 형상의 중요성을 깨닫고 그리스도를 모시고 사는 성도가 되어야 한다. 주님은 내 안에 주인으로 오셨다. 그분을 인정하고 그 주님의 뜻이 이루어지는 그리스도인의 삶을 살아야 한다.

이제는 세상 속에 나아가 세상을 책임지는 그리스도인이 되어야 한다. 그래야 하나님의 형상을 이룬 인간을 통해서 하나님께서 영광을 받으시는 것이다.

이 모든 그림을 하나님은 아벨을 통해서 하려 하셨다. 이것을 안 사단이 아벨의 형인 가인을 조종하여 아벨을 죽이게 한 것이다. 따라서 가인은 사단의 꾀임에 넘어가 동생을 죽인 것이다. 그 결과 하나님의 역사가 끝난 것처럼 보였으나 하나님께서 죽은 아벨 대신에 셋을 주어 아벨의 역할을 하게 하신 것이다.

이것은 아벨이 죽을 것을 모르시고 있다가 가인이 아벨을 죽이자 하나님께서 셋을 급조해서 주신 것이 아니다. 모든 것이 하나님의 경륜 속에서 인간의 자유의지를 사용하시어 악한 것은 악한대로 선한 것은 선한대로 사용하시면서 하나님의 뜻을 이루어 가고 계신 것이다.

결국 하나님의 경륜에서 보면 아벨은 죽어야 이야기가 되는 것이다. 그렇다면 아벨이 죽고 그 대신에 셋을 주신 이유는 무엇인가? 이것은 예수 그리스도가 우리의 대속을 위하여 십자가에서 죽으시고 그리스도 예수로 부활하실 것을 보여 주고 있다.

십자가에서 하나님의 아들이 사단에게 패한 것처럼 보였지만 패한 것이 아니고 십자가에서 오히려 사단에게 치명타를 올린 것을 보여 주는 것이다. 사단이 죽인 아벨 대신 주신 셋의 후예들이 여호와의 이름을 불렀다고 말씀하고 있다. 하나님께 영광 돌리는 삶이 되어야 한다.

27. 창세기 5장의 족보의 의미

●○

"아담이 셋을 낳은 후 팔백 년을 지내며 자녀를 낳았으며 그가 구백삼십세를 향수하고 죽었더라 셋은 일백오세에 에노스를 낳았고 에노스를 낳은 후 팔백칠 년을 지내며 자녀를 낳았으며 그가 구백십이세를 향수하고 죽었더라"(창 5:4-8)

성경 여러 곳에서 족보가 나타나는데 각 족보마다 특징이 있다. 한 가문의 역사가 그 족보에 나타나기도 하지만 특별히 족보를 통하여 무엇인가를 나타내려고 하는 부분도 있는 것 같다. 특별히 창세기 5장의 족보를 읽고 있노라면 때로는 절망적인 생각이 든다.

왜냐하면 창세기 5장의 족보는 계속되는 죽음을 말하고 있기 때문이다. 그 내용을 보면 누가 누구를 낳았고, 누구를 낳은 후 또 누구를 낳았으며 몇 살을 살고 죽었더라, 죽었더라, 죽었더라로 끝나고 있다. 출생에서 시작하여 죽음을 향하여 나아가는 인생의 모습을 보여 주고 있다.

하나님의 형상으로 창조된 인간이 죄를 지음으로 인하여 하나님의 형상이 파괴되었고 결국 흙에서 와서 흙으로 돌아가는 인생이 된 것이다. 죄 아래 사는 인간의 그 결국이 죽음이라는 것이다. 사람의 모양으로 태어난 사람들, 즉 삶의 의미가 없는 인생은 그대로 살다가 죽을 수밖에 없음을 보여 준다.

마태복음 1장의 족보는 이와 정반대이다. 율법 아래서의 삶은 그 결국이 죽음이다. 그러나 하나님의 은혜는 계속해서 생명으로 나타난다.

에녹은 절망 속의 희망이다. 에녹을 통하여 하나님은 우리에게 희망을 말씀하신다. 에녹이 처음부터 하나님과 동행한 사람은 아니다. 평범하게 살던 에녹이 65세부터 갑자기 변화된 삶을 살게 된다. 에녹이 변화된 계기는 무엇인가? 우리도 에녹처럼 변하여 새 사람이 되어야 한다. 변하지 않으면 안 된다.

28. 에녹이 보여 주는 것은 무엇인가?

●○

"에녹이 하나님과 동행하더니 하나님이 그를 데려가시므로 세상에 있지 아니하였더라"

(창 5:24)

1) 하나님의 경고에 귀를 기울이라

삶의 의미를 모르는 인생은 그대로 살다가 죽을 수밖에 없다. 에녹은 모든 사람이 삶의 의미를 모르고 형편 없이 살다가 죽을 때에 진정한 의미를 깨닫고 하나님 앞에서 의미 있는 인생을 살다가 간 사람이다. 인생의 의미가 무엇인가? 인생의 의미는 하나님과의 교제 속에서 하나님이 이루시고자 하는 뜻을 이루며 사는 데 있다. 의미 있는 삶은 하나님을 모시고 하루하루를 참되게 사는 것을 말한다. 혼자서 잘 먹고 잘 사는 것은 아무 의미가 없다.

에녹이 처음부터 하나님과 동행하던 사람은 아니었다. 에녹이 의미가 있는 삶을 살게 된 결정적인 동기는 므두셀라라는 아들을 낳은 후였다. 에녹이 므두셀라를 65세에 낳았으며 그때부터 하나님과 삼백년을 동행하다가 삼백육십오세에 하나님이 그를 데려가셨다고 말씀하고 있다.

에녹은 므두셀라가 태어나기 전까지는 보통 사람과 똑같은 사람이었다. 특별히 다른 것이 없는 사람이었다. 그러한 그가 므두셀라를 낳은 후 완전히 사람이 변한 것이다. 어떤 일이 에녹에게 일어난 것일까? 사람이 변하는 것은 그 사람에게 어떤 변화를 요구하는 큰 계기가 있어야 하듯이 에녹은 자식을 낳은 후 마음이 움직이는 놀라운 체험을 하게 된 것이다. 이 일로 인하여 에녹은 세상을 바라보는 눈이 열렸다. 그 동안 자신이 느끼고 보던 세상이 아니었다. 그의 눈에 세상이 달리 보였던 것이다.

그 동안 즐겁고 재미있었던 일들이 시들해지고 오히려 그 동안 그렇게 살아왔던 자신이 저주스럽기까지 하였던 것이다. 도대체 어떤 일이 그에게 일어난 것인가? 무엇이 그로 하여금 그렇게까지 변하게 만들었는가? 그것은 아들을 통한 하나님의 경고였다.

에녹이 아들을 낳고 이름을 지었는데, 그 이름이 선지자적인 뜻을 담고 있었다. 아들을 낳고 아들의 이름을 므두셀라라고 지었다. 에녹은 이 이름의 뜻을 알고 나서 얼마나 놀랐는지 모른다.

므두셀라라는 이름의 뜻은 '이 아들이 죽으면 세상에 심판이 온다'는 것이다. 므두셀라가 969세를 살다가 죽었는데 이때가 노아가 600세 되던 해이다. 노아가 600세 되던 해에 하나님께서 홍수심판을 행하셨다. 이것을 미리 알고 에녹은 준비하며 하나님과 동행하는 삶을 살았다. 므두셀라를 통하여 그에게 주어진 경고를 그는 무시하지 않고 잘 받아들임으로 하나님의 은혜를 입게 되었다.

하나님께서 소돔성을 심판하기 위하여 천사들을 소돔성에 보내어 그 실상을 보고 즉시 소돔성을 심판하기로 결정하고자 하실 때 이 일을 아브라함에게 말씀하셨다. 이 사실을 안 아브라함은 하나님께 조카 롯을 위하여 중보기도를 올렸다. "하나님! 소돔성에 의인이 오십이 있어도 멸하시겠습니까?" 45인, 40인, 30인, 20인까지 구하던 아브라함은 "정말 죄송한데요 의인 열 명이 있어도 멸망시키시겠습니까?"라고 했다. 하나님은 "아니다. 의인이 열 명만 있어도 멸하지 않겠다"라고 하셨지만 소돔성에는 의인 열 명이 없었다.

그러나, 소돔성을 멸망시키시려는 가운데서도 아브라함을 생각하여 롯의 가정을 소돔성에서 탈출시키고자 하셨다. 천사들이 롯의 집에 와서 소돔성의 멸망을 예고하였다. 천사들의 경고를 듣고 롯이 나가서 사위들에게 소돔성의 멸망을 이야기하며 같이 나갈 것을 말할 때, 사위들은 장인의 말을 농담으로 여겼다. 이들은 롯의 경고를 무시하였다가 소돔성이 멸망할 때 같이 망하고 말았다.

우리는 이 시대에 들려 주시는 하나님의 경고를 들어야 한다. 지금 이 땅에 살아 있을 때 영원을 준비하여야 한다. 방심하다가는 롯의 사위들과 같은 상황에 처하고 만다. 우리는 우리에게 주시는 하나님의 음성을 들을 수 있어야 한다.

오늘 이 시대에 우리에게 주시는 하나님의 말씀을 들어야 한다. 농담으로 여기다가는 후회하게 될 것이다. 사람들은 이 시대를 말세라고도 하고 말세지말(末世之末)이라고도 한다. 즉 세상의 끝이라는 것이다. 이런 시대에 아무렇게나 살아서 되겠는가? 하나님이 경고의 말씀을 듣고 종말을 준비하는 성도가 되어야 한다.

노아 시대 사람들이 120년 동안이나 방주를 짓는 노아를 보고 얼마나 조롱을 했겠는가? 그것도 산 위에 배를 만드는 노아의 어리석은 짓을 보고 놀리지 않을 사람이 어디 있겠는가? 그러나 그들의 조롱과 비웃음 속에서도 하나님의 뜻을 굽히지 않고 끝까지 전하는 노아의 경고를 무시하고 있다가 결국 심판 날에 홍수에 떠내려가지 않았는가?

노아는 자신이 태어나서 한 번도 그렇게 큰 비가 내리는 것을 본 적이 없었다. 그뿐만이 아니라 그보다 더 오래 산 므두셀라에게 물어봐도 본 적도 들은 적도 없다는 것이다. 그런 상황에서도 하나님의 말씀을 믿고 방주를 지은 것은 절대자 하나님에 대한 믿음에서이다.

우리도 노아와 같이 이 시대의 경고를 무시하지 말아야 한다. 예수 그리스도를 통한 하나님의 구원을 믿어야 한다. "내가 곧 길이요, 진리요, 생명이니 나로 말미암지 않고는 아버지께로 올 자가 없느니라"

2) 옛사람을 벗어버리고 새사람을 입으라

에녹은 므두셀라를 낳고 그의 과거를 청산하고 새롭게 인생을 시작하였다. 그 동안 살아오던 삶을 정리한다는 것이 쉬운 일은 아니다.

김익두 목사님의 청년시절 예수 믿은 지 얼마 되지 않았을 때의 일화가 있다. 옛날 안악산골의 깡패로 소문이 났던 김익두가 예수님을 믿고 나서 두문불출했다. 그런데 하루는 장에 갔다가 친구들을 만나서 술자리에 합석하게 되었다. 친구들이 술을 권하는데 한사코 마시지를 않으니 술을 머리에다 붓더라는 것이다. 그래도 마시지 않으니까 그 다음부터는 술 마시자고 하는 사람이 없더라는 것이다.

돌아설 때 확실하게 돌아서야지 그렇지 않으면 옛사람으로 살게 된다. 에녹은 아들을 통한 하나님의 경고의 음성을 들었으며, 듣는 순간 마음을 굳게 하고 지금까지 살아왔던 삶을 일순간에 정리를 함으로써 새로운 삶을 살 수 있었던 것이다. 유혹이 왜 없었겠는가? 주위의 유혹이 있었음에도 불구하고 그는 그의 결심을 중간에 포기하지 아니하고 하나님과 삼백년 동안이나 동행할 수 있었던 것은 참으로 대단하다고 할 수 있다.

에베소서 4장 22절에서 24절을 보면 "너희는 유혹의 욕심을 따라 썩어져 가는 구습을 좇는 옛사람을 벗어 버리고 오직 심령으로 새롭게 되어 하나님을 따라 의와 진리의 거룩함으로 지으심을 받은 새사람을 입으라"고 말씀하고 있다. 새사람이 되어야 한다. 새사람은 그리스도 안에 있는 사람을 말한다. 자기의 의지가 아니라 하나님의 은혜로 된 것이다. 하나님의 은혜를 노아가 보여 주고 있다.

29. 부흥은 위기다

●○
"사람이 땅 위에 번성하기 시작할 때에 그들에게서 딸들이 나니 하나님의 아들들이 사람의 딸들의 아름다움을 보고 자기들의 좋아하는 모든 자로 아내를 삼는지라"(창 6:1~2)

창세기 6장을 보면 사람이 땅 위에 번성하기 시작할 때에 그들에게서 딸들이 나왔다고 말씀하고 있다. 그런데 그것이 문제가 아니라 하나님의 아들들이 사람의 딸들을 좋아하였다는 것을 말씀하고 있다. 이것은 영적인 타락과 신앙의 변질을 말한다. 하나님의 자녀로서 살아야 하는데 그렇지 못하고 세상을 쫓아가는 사람들을 말하는 것이다. 우리는 오히려 잘될 때 조심해야 한다. 특별히 자신의 신앙을 잘 관리해야 한다. 이것이 하나님의 축복을 받는 비결이다.

사업이 어려울 때는 하나님 앞에 나아와서 금식기도며, 작정기도에다가, 서원기도까지 해 가면서 하나님 뜻대로 살겠다고 하다가 사업이 조금 풀리는가 하면 사업이 바쁘다고 핑계대고 예배 시간 빼먹고 교회의 모임도 이리 빠지고 저리 빠지고 하는 사람이 있다. 그러나 바쁠수록 기도하고 예배를 철저히 드려야 한다. 그리고 사업해서 돈 좀 생기니까 서원기도 잊어버리고 여기 기웃 저기 기웃하다가 하나님 앞에서 죄 짓고 사는 인생이 되어서는 안 된다.

노아시대 사람들은 육신을 쫓아 사는 사람들이었으며 자신들이 좋아하는 대로 인생을 즐겼던 사람들이다. 한 번뿐인 인생인데 먹고, 마시고, 즐기고 되는대로 살자 하고 살던 나사풀린 인생이 바로 이들이었던 것이다.

좋아하는 대로 아내를 삼았다고 하는 것은 자기 마음대로 절제하지 못하고 살았다는 것을 의미한다. 그들의 후예들을 보라. 얼마나 멋있고 듬직하고 괜찮은 사람들이었는가? 이것은 세상의 잣대로 본 것이다.

우리는 하늘의 가치관을 가지고 살아야 하는 하나님의 사람들이다. 외형적으로 보이는 것이 전부가 아닌 것이다. 믿음의 눈으로 세상을 보아야 한다. 정체성이 확고하지 않으면 언제든지 쓰러질 수 있다. 눈을 들어 하늘을 보고 귀를 열어 주님의 음성을 들어야 한다. 지금 우리는 말씀의 홍수 속에 살고 있다.

그러나, 그 많은 말씀 가운데서 말씀을 먹지 못하고 영적으로 말라서 죽어가는 사람도 있다. 물이 귀할 때가 언제인가? 가물어도 물이 없지만 홍수 속에서도 마실 물이 모자란 것이다. 말씀의 홍수 속에서 기갈을 만나지 말기를 바란다. 언제나 마실 수 있는 샘을 파야 한다.

그 샘의 공급자가 되는 것을 나는 꿈꾸고 있다.

우리가 기억해야 할 것은 우리가 하나님을 떠나면 하나님도 나를 떠나신다는 것이다. 인간의 최대 불행은 하나님께서 함께 하시지 않는 것이다. 우리가 잘 아는 것과 같이 솔로몬을 보면 그는 초년에 하나님을 잘 섬겼다. 하나님께서 솔로몬에게 지혜도 주시고 나라도 지켜 주셨다. 어느 정도 나라가 안정이 되니까 솔로몬은 이웃나라들과 동맹을 맺게 되는데, 결혼을 통한 혼인동맹을 맺게 된다. 순전히 머리 좋은 자기만 믿고 머리에서 나오는 생각으로 이 일을 진행하는 것을 보게 된다.

그러나, 이스라엘이 솔로몬의 나라인가? 이스라엘은 하나님의 나라이다. 하나님께 물어 보지도 않고 자기 생각대로 한 결과 이웃 나라와 평화의 관계는 이루어졌지만 하나님과의 평화가 깨어진 것이다. 솔로몬왕과 결혼한 여인들이 이스라엘로 시집을 오면서 자기 나라의 우상들을 가지고 들어와 예루살렘 사방에 우상의 전각들을 만들어 놓고 섬겼다. 이스라엘은 얼마 가지 않아 우상 천지가 되고 만 것이다.

솔로몬이 하나님을 찾으니 하나님도 솔로몬을 찾아 주셨지만, 그의 말년에 솔로몬이 하나님을 떠나니 하나님도 솔로몬을 떠나셨다. 그리고 그의 나라가 아들 르호보암 때에 두 개로 북쪽에 이스라엘과 남쪽에 유다왕국으로 나뉘어졌다. 솔로몬이 하나님을 떠난 결과인 것이다.

우리는 하나님의 면전에서 하나님을 의식하며 사는 코람데오

(Coram Deo)의 신앙을 가져야 한다. 하나님은 불꽃같은 눈으로 우리를 지켜보고 계신다. 이 땅에서 살면서 하나님과의 관계 속에서 하나님의 영광을 드러내는 성도가 되어야 한다. 육신의 정욕과 안목의 정욕과 이생의 자랑을 구하지 말라. 겸손함으로 하나님의 은혜를 구하는 성도가 되라.

30. 노아가 보여 주는 것은 무엇인가?

●○

"그러나 노아는 여호와께 은혜를 입었더라 노아의 사적은 이러하니라 노아는 의인이요 당세에 완전한 자라 그가 하나님과 동행하였으며"(창 6:8-9)

노아는 우리에게 은혜가 무엇인가를 보여 주고 있다.

사람들은 쉽게 은혜를 받았다고 말한다. 목사님들이 은혜를 받았다고 하면 좋아하니까 은혜를 받았다고 말하는가? 은혜가 무엇인가? 단순히 조금이라도 마음에 감동만 있으면 은혜 받은 것인가? 우리는 은혜를 받았다는 말을 조금 신중하게 해야 할 것 같다.

어느 기도원에 기도하러 갔는데, 그 곳에서 자리 하나 때문에 싸우는 것을 보았다. 결국 그 중 한 사람이 보따리를 싸가지고 내려갔다. 기도원에 은혜 받으러 와서 은혜는 받지 못하고 오히려 시험이 들어서 내려간 것이다.

이들이 지난 주일 교회에서 예배 드리고 받은 은혜는 어디 간 것인가? 이박삼일도 못가는 은혜를 우리는 말하고 있는 것이다.

그러나, 노아를 보면 하나님을 만난 은혜가 하루 이틀이 아닌 120년 동안이나 지속된 것을 볼 수 있다. 이런 노아를 통하여 진정한 은혜가 무엇인가를 살펴보자. 은혜 받아 신앙생활을 해야 할 것을 보여 주고 있다.

1) 노아가 받은 은혜가 무엇인가?

창세기 6장 8-9절을 보면 "그러나 노아는 여호와께 은혜를 입었더라 노아의 사적은 이러하니라 노아는 의인이요 당세에 완전한 자라 그가 하나님과 동행하였으며"라고 하였다.

노아가 살던 시기는 사람들이 패역하여 하나님을 떠나 자신들이 원하는 대로 살던 그러한 시기였다. 그것을 창세기 6장 5절에서 "여호와께서 사람의 죄악이 세상에 관영함과 그 마음의 생각의 모든 계획이 항상 악할 뿐임을 보시고"라고 말씀하고 있다. 그런 가운데서도 노아는 하나님을 경외하며, 9절에서 하나님과 동행하였다고 말하고 있는 것이다.

노아가 하나님께 은혜를 입은 것은 순전히 하나님의 은혜로 된 것이다. 하나님께서 노아에게 은혜를 베푸심으로 인하여 노아가 하나님을 더 잘 섬길 수 있었던 것이다.

은혜란 무엇인가? 은혜란 받을 수 없는 사람이 높은 분으로부터 아무런 대가도 없이 받는 것을 말한다. 죄악이 관영한 시대에 하나님을 만난 것이 은혜요, 하나님의 심판으로부터 구원받은 것이 은혜가 아니고 무엇인가? 우리도 하나님으로부터 노아와 같은 은혜를 받아 누리는 성도가 되어야 한다. 그리하여 마지막 날에 하나님께서 주시는 구원의 은혜에 동참하는 성도가 되어야 한다.

2) 노아는 하나님으로부터 은혜를 받아서 무엇을 하였는가?

노아가 하나님으로부터 은혜를 받아서 한 일은 하나님과 깊은 교제를 나누는 것이었다. 하나님과의 교제가 깊어지면 깊어질수록 노아는 깊은 은혜 가운데 하나님의 임재를 느끼곤 하였다. 그러던 어느 날, 하나님께서 노아에게 앞으로 있을 일을 말씀하시면서 이 패역한 시대에 너는 너를 구원할 방주를 지으라고 하시는 것이었다. 노아는 하나님을 만나고 하나님의 말씀대로 방주를 짓기 시작하였다.

여기서 방주는 교회를 말한다. 다시 풀어서 말하면 노아는 하나님을 만나 은혜를 받고 교회 일을 하였던 것이다. 노아는 하나님을 만나기 이전부터 창세기 6장 9절에서 "그가 하나님과 동행하였으며"라고 말함으로써 신앙생활을 잘하였음을 볼 수 있다.

우리도 하나님께 은혜를 받아서 교회 일과 신앙생활을 열심히 하여야 한다. 교회 일은 자기의 열정으로 하기보다는 은혜를 받아서 해야 되는 것이다. 그럴 때 원망이나 불평 없이 주의 일을 할 수 있으며, 오히려 기쁨이 충만하게 되는 것이다. 노아가 그것을 보여 주고 있는 것이다.

노아는 방주를 120년간 지었다. 힘들고 어려운 세월이었을 것이다. 짧은 기간도 아니었다. 그의 가족 모두가 합심하여 이루어낸 작업이었다. 결코 쉬운 일이 아니었다. 방주를 짓는 동안의 불협화음이 성경에 나타나 있지 않다. 그것은 그 동안 같은 마음으로 노아를 온 가족이 신뢰하며 따랐다는 것을 보여 주고 있는 것이다. 하나님의 은혜가 노아와 그의 온 가족에게 나타났던 것이다. 오늘 우리도 이와 같은 하나님의 은혜를 전하는 성도가 되어야 한다.

3) 방주는 누구를 위해서 짓는 것인가?

하나님께서 노아에게 말씀하시기를 "너는 잣나무로 방주를 짓되 너를 위하여" 방주를 지으라고 하셨다. 하나님의 말씀대로 노아는 자신을 위하여 방주를 지었다. 방주는 앞에서도 말한 것처럼 교회를 상징한다. 방주를 짓는 것은 노아의 신앙생활이라 할 수 있다.

노아가 자신을 위하여 열심히 신앙생활을 했듯이 우리도 나 자신을 위하여 열심히 신앙생활을 하여야 한다. 신앙생활은 바로 나 자신을 위해서 하는 것이지 남을 위해서 또한 하나님을 위해서 하는 것이 아니다. 하나님을 만난 날부터 노아가 자신을 위하여 방주를 짓듯이 우리의 신앙생활도 마찬가지인 것이다.

사도행전을 보면 바울과 실라가 복음을 전하다가 빌립보 감옥에 간

히게 된다. 감옥에서 이 두 사람은 찬송하고 기도를 하는데 갑자기 옥터가 흔들리며 옥문이 열리는 기적이 일어났다. 이때 감옥을 지키던 간수가 죄수가 도망간 줄 알고 칼을 빼어 자결하려고 할 때 감옥 안에서 "우리가 여기 있으니 죽으려 하지 말라"는 소리가 들렸다.

이 소리를 들은 빌립보 감옥의 간수가 두려워 떨며 사도 바울에게 묻기를 "내가 어떻게 하여야 구원을 얻으리이까?"라고 하였을 때 사도 바울이 "주 예수를 믿으라 그리하면 너와 네 가정이 구원을 얻으리라"라고 하였다.

우리도 구원의 방주를 지어야 한다. 노아가 물 심판으로부터 구원해 줄 방주를 지었듯이 우리도 마지막 심판으로부터 구원받기 위하여 방주를 튼튼하게 잘 지어야 한다.

누구를 위하여 종이 울리나? 남을 위한 것이 아니다.

나를 위한 신앙의 집을 반석 위에 튼튼하게 지어야 한다.

4) 노아는 받은 바 그의 은혜를 얼마 동안 유지하였는가?

노아는 하나님의 은혜를 받고 방주를 짓기 시작하였는데 이 방주를 120년 걸려서 완성되었다. 그가 하나님의 은혜를 체험하고 난 후 그는 그 은혜를 120년 동안이나 유지하였던 사람이다. 참으로 대단한 사람이다. 당시의 모든 사람들이 패역하고 죄악이 관영한 상태에서 신앙으로 그의 가족을 이끌었다. 노아는 그의 가족 모두에게 평상시에 감화

력을 주었기 때문에 가능하지 않았겠는가 생각해 본다. 노아는 가정목회의 성공자이기 때문이다.

한 가정에서 존경받는 부모가 된다는 것은 쉬운 일이 아니다. 한 가정을 불평하나 없이 방주 짓는 일로 120년 동안을 이끌어 갔다는 것은 그의 신앙과 성품과 인격을 가히 짐작하고도 남음이 있다.

사실 혼자서 했다면 이해가 된다. 인내를 가지고 하면 되지만 여럿이 하는 일이란 내 생각만 가지고 되는 일이 아니지 않은가? 그런 점에서 노아는 대단한 사람이었던 것이다. 우리도 우리의 가정을 노아와 같이 신앙으로 이끌고 나아갈 수 있는 가정목회의 성공자가 되어야 한다.

5) 그러면 신앙생활은 어떻게 하여야 하는가?

하나님께서 노아에게 방주를 지으라고 말씀하시면서 짓는 방법으로 "너는 잣나무로 너를 위하여 방주를 짓되 그 안에 간들을 막고 역청으로 그 안팎에 칠하라"(창 6:4)라고 가르쳐 주셨다. 나무와 나무 사이에 물이 새지 않도록 역청으로 안팎에 칠하라고 말씀하신 것이다. 우리의 신앙생활에 있어서도 마찬가지이다. 우리의 신앙에 외부의 세속화 물결이 들어오지 못하도록 하기 위해서는 하나님의 말씀으로 무장하여야 한다. 하나님의 말씀 위에 견고한 신앙을 세우는 성도가 되어야 한다. 다시 말해서 말씀 중심의 신앙인이 되어야 하는 것이다.

6) 방주는 천국의 모형이다.

"거기 창을 내되 위에서부터 한 규빗에 내고 그 문은 옆으로 내고 상 중 하 삼층으로 할지니라"(창 6:16)라고 말씀하심으로 노아의 방주가 3층으로 된 것을 알 수 있다. 이와 같이 사도 바울이 고린도 후서 12:1-4의 말씀 가운데에서 2절에 "그가 셋째 하늘에 이끌려 간 자라"고 하는 말씀이 있는데 이것은 하늘의 삼층천을 말하고 있는 것이다. 4절에서 사도 바울은 "그가 낙원으로"라는 말을 함으로써 그곳이 천국임을 암시해 주고 있는 것이다.

교회를 통하여 구원이 개인 개인에게 주어지듯이 노아는 방주를 통하여 심판으로부터 구원을 받게 되었다. 노아의 방주나 모세의 갈대상자가 시대를 달리했어도 이 둘의 모형이 천국을 보여 주고 있다. 또한 노아가 방주 속에서 구원을 받고, 모세가 갈대상자 속에서 구원을 받았듯이 말세성도는 교회를 통하여 구원을 받을 것을 보여 주고 있다. 이것의 의미는 교회밖에는 구원이 없다는 것이다.

교회의 발전에 대하여 살펴보자

에덴은 그 동산 자체가 교회였다. 그 곳에서 아담은 늘 하나님을 만났고, 하나님과 교제를 이루어 나갔다. 범죄한 후에는 에덴에서 나와서는 제단을 쌓으므로 하나님과의 교제를 이루었다. 이것이 이스라엘이 광야에서 성막을 만들기까지는 제단이라는 형식을 통하여 하나님과 인간의 교제가 이루어지며 할례를 통하여 하나님의 백성의 울타리를 쳐오다가 성막이 완성되면서 성막을 통하여 하나님과의 교제가 이루어졌다.

솔로몬 시대 이후에는 하나님의 성전이 완공되면서 성전 중심의 신앙으로, 그 후 포로시대에는 회당을 중심으로 그들의 신앙이 이루어졌다. 다시 돌아와서는 성전 중심으로 그리고 로마의 통치 아래에서 디아스포라된 유대인들이 회당을 중심으로 모이기 시작하였다.

이와 같이 이스라엘의 신앙이 제단, 성막, 성전, 회당, 교회를 중심으로 형성되어 있는 것을 볼 수 있다. 따라서 교회 중심의 신앙이 얼마나 중요한가를 보여 주는 것이라 할 수 있겠다.

노아의 가족과 각종 짐승들이 방주로 들어갔을 때 방주의 문이 닫혔는데 하나님께서 문을 닫아 주셨던 것이다. 창 7:16에 "여호와께서 닫아 넣으시니라"고 말씀하고 있다. 마지막 심판도 하나님의 역사이다. 그 날에 하나님의 은혜로 구원받는 성도가 되어야 하겠다.

31. 홍수만난 교회

●○
"하나님이 노아와 그와 함께 방주에 있는 모든 들짐승과 육축을 권념하사 바람으로 땅 위에 불게 하시매 물이 감하였고"(창 8:1)

노아의 교회가 홍수를 만났다. 홍수 만난 교회가 살 수 있는 길은 하나님의 권념하심이 있어야 한다. 하나님께서 관심만 가지고 계시면 살 길이 있다. 홍수 만난 노아의 교회에 하나님의 관심이 나타나자 바람이 불어오기 시작하였다. 하나님께서 홍해를 밤새도록 바람으로 가르신 것을 기억하라.

성령의 바람이 불어오기 시작하면 우리의 문제가 해결된다는 사실이다. 하나님께서 땅 위에 바람이 불게 하셨다. 영적으로 땅은 심령으로서 우리의 심령에 성령의 바람이 불어야 옥토가 되어 백 배, 육십 배, 삼십 배의 결실을 맺을 수 있는 것이다. 성령의 은혜가 넘쳐야 한다.

바람이 불기 시작한 지 얼마 되지 않아서 땅 위의 물이 감하기 시작하였다. 우리는 노아 홍수 심판을 통하여 물이 주는 두 가지의 의미를 알 수 있다. 하나는 심판과 고난의 의미를 가지고 있으며, 또 하나는 은혜라고 해석할 수 있다. 이것은 양에 따라 다르게 나타나는 것이다. 물이 필요한 만큼 내려오거나 주어지는 것은 은혜이다.

그러나, 의외로 양이 많아서 오히려 해가 될 경우는 재앙으로 나타나게 되는 것이다. 너무 많아도 좋지 않다. 적당한 것이 은혜인 것이다.

오늘 노아 홍수의 물은 샘과 창이 막혀야 되는 물이다. 오늘 우리의 가정에서도 물질이 새어나가는 통로가 막혀야 한다. 또한 하늘에서 내리는 비가 그쳐야 한다. 비도 어느 정도 와야지 너무 많이 오면 안 되는 것이다.

필자는 강원도 화천에서 군대생활을 했다. 처음 군대 가던 해 겨울을 보내면서 눈이 그렇게 많이 오는 것을 처음 보았다. 서울에서는 별로 눈이 많이 오지도 않고, 눈이 내려서 쌓인다 해도 금새 녹아버리기 때문에 눈이 많이 쌓인 것을 볼 수 없다. 그런데 강원도에서는 눈이 삼사일 동안 계속 내릴 때도 있었다.

군대 가던 첫 해의 초겨울에는 눈 오는 것이 매우 좋았다. 그러나 시간이 지날수록 점점 싫어지는 것이었다. 눈을 무척 좋아했었는데 나중에는 눈이 오는 것이 너무 싫었다. 눈에 대한 낭만이 사라지는 것이었다. 왜냐하면 눈이 오면 그 눈을 다 치울 때까지 제설작업을 해야 하는데 이게 장난이 아니었다. 몇 날 며칠을 눈과 씨름하다 보니 나중에는 눈만 봐도 지긋지긋하게 느껴졌다. 적당한 것이 좋지 많으면 재앙이 되는 것이다.

노아 홍수 심판의 물은 해결해야 할 우리의 문제이다. 심판을 위하여 사용된 노아 홍수의 물은 물러가야 한다. 이 물은 속히 물러가야 하는 것이다. 그래야 산들의 봉우리가 보이게 된다. 노아 홍수 기간 동안 세상에 있는 산들의 봉우리는 물 속에 잠겨 있어서 보이지를 않았다. 이 산들의 봉우리가 보이기 시작했다는 것은 물이 서서히 빠지고 있다는 징조이다. 보이지 않던 산들의 봉우리가 보인다는 것은 절망뿐인 사람들에게 희망과 소망을 보여 준다고 말할 수 있다. 노아 홍수에 나타나는 산들의 봉우리는 희망과 소망을 나타내 주고 있다. 이 모든 것들이 하나님의 권념하심으로부터 시작된 것이다. 하나님의 관심을 끄는 성도가 되어야 한다.

하나님의 은혜로 바람이 불기 시작하고 물이 물러가고 물러가서 산들의 봉우리가 보이기 시작하였다. 우리의 문제가 물러가서 희망이 보이고 소망이 보이는 삶이 되어야 한다. 소망이 보이지 않는다면 정말 답답할 것이다. 하나님께서 하나님의 때에 노아를 기억하심으로 물이 물러가고 배가 아라랏산에 닿았다. 이들은 하나님의 명령을 따라 방주에서 나왔고 하나님께 제단을 쌓고 하나님께 영광을 돌림으로 노아의 홍수 심판은 끝이 났다.

32. 포도주에 취한 노아는 무엇을 말하는가?

●○

"노아가 농업을 시작하여 포도나무를 심었더니 포도주를 마시고 취하여 그 장막 안에서 벌거벗은지라"(창 9:20-21)

노아는 홍수 후에 포도 농사를 지었다. 그러던 어느 날 노아가 자신이 농사지은 포도로 만든 포도주를 마시고 취하여 장막 안에서 하체를 벌거벗고 잠들어 있는 것을 함이 보게 되었다. 함은 이것을 형제들에게 말하였다. 셈과 야벳은 옷을 가지고 아버지 장막으로 들어가 아버지의 하체를 가리고 나왔다. 함은 형제들에게 자신이 본 것을 이야기한 것으로 말미암아 저주를 받게 되는 결과를 가져왔다.

이 내용이 의미하는 것이 무엇인가? 도대체 함이 무엇을 잘못했다고 저주를 한 것일까? 정말로 함이 저주를 받을 정도로 잘못은 한 것일까? 무언가 내용이 석연치 않은 부분이 있다. 좀 더 자세히 그리고 깊게 살펴보기를 원한다.

여기서 노아는 노아가 아닌 예수 그리스도의 상징적인 모습이다.

포도주에 취하였다고 하는 것은 예수님의 십자가 사건을 말하고 있는 것이다. 따라서 우리가 잘 아는 대로 포도주는 예수님이 흘리신 보혈을 상징적으로 보여 준다. 그러면 포도주에 취한 노아는 이렇게 볼 수 있지 않을까?

십자가에서 물과 피를 다 흘리신 예수님의 모습으로 말이다. 함이 한 행동은 십자가에 달려 돌아가신 예수님을 믿음으로 받아들이지 못한 불신자의 예표이다. 따라서 함은 저주를 받아 마땅한 것이다.

한 때 한나가 자식이 없어서 마음의 깊은 한 때문에 실로에 있는 제단에서 하나님께 기도할 때 엘리 제사장이 한나가 술에 취한 것으로 오해한 것처럼 홍수 후에 포도주에 취한 노아는 우리의 오해를 불러올 소지가 많이 있으나 이것은 십자가에 돌아가신 예수님을 예표로 보여 주고 있는 것이다. 노아는 이것을 우리에게 보여 주고자 한 것이었다. 이 십자가에 돌아가신 예수님을 함이 조롱하다가 저주를 받게 된 것이다.

누구든지 십자가에 돌아가신 예수님을 조롱하면 저주가 임한다는 것을 보여 주고 있는 것이다.

"십자가의 도가 멸망하는 자들에게는 미련한 것이요 구원을 얻는 우리에게는 하나님의 능력이라"(고전 1:18)

"우리는 십자가에 못 박힌 그리스도를 전하니 유대인에게는 거리끼는 것이요 이방인에게는 미련한 것이로되"(고전 1:23)

예수님의 십자가가 믿는 우리에게는 구속의 은혜의 수단이지만 하나님을 믿지 않는 저들에게는 미련하게 보이는 것일 수도 있다는 것이다. 그러나 하나님의 능력이신 십자가로 승리하는 성도가 되라.

33. 하나님의 복의 줄기

●○
"또 가로되 셈의 하나님 여호와를 찬송하리로다 가나안은 셈의 종이 되고 하나님이 야벳을
창대케 하사 셈의 장막에 거하게 하시고 가나안은 그의 종이 되게 하시기를 원하노라 하였
더라"(창 9:26-27)

사람마다 하나님이 주신 복의 흐름이 다르다. 그 복의 흐름의 시작
이 노아의 아들들을 통해서 보여 주고 있다. 그 내용을 보면 어떤 사람
에게는 물질의 복으로 주어졌으며, 또 어떤 사람에게는 일에 대한 복
이 넘쳐나며, 어떤 사람은 영적인 복이 주어졌다. 노아의 아들들이 이
세 줄기의 복의 흐름을 보여 주는데 이것은 노아의 예언으로 이루어진
것이다.

1) 셈은 아시아 계통으로 황인종의 조상이며 언어학적으로 우랄알
타이어 계통의 셈족 언어를 쓰고 있다. 이 셈족이 받은 축복은 영적인
복으로 많은 종교가 셈족에서 태동하고 있음을 알 수 있다. 모든 종교
가 아시아권에서 태동하는 것은 신비한 일이 아니라 예언의 성취인 것

이다. 유교, 불교, 힌두교, 도교, 기독교, 이슬람교 등등이 다 아시아에서 나왔다.

2) 함은 흑인종의 조상으로 아프리카가 그들의 주 무대이며 노아의 저주를 받아 형제들의 종이 되어 노예로 팔려 다니는 신세가 되었다. 결과적으로 아비의 허물을 덮어 주지 못한 결과는 엄청난 것이었다. (영적인 부분은 노아가 포도주에 취한 사건을 참고하라.)

3) 야벳은 백인종의 조상으로 유럽이 주 활동무대이다. 야벳은 노아의 예언을 보면 물질의 복을 받았다. 유럽이 물질문명이 발달한 것은 바로 이런 결과에서 유래된 것이다. 그러나 이들은 셈의 장막에 거한다고 하였다. 이것은 영적인 복이 그만큼 중요하다는 것을 말해 주고 있다.

하나님께서 여러분을 여러분의 가문을 축복하시기 위하여 부르신 것이다. 여러분은 여러분의 가문을 축복받는 가문으로 만들어야 한다. 영적인 거장이 되어서 축복의 통로가 되어야 한다.

34. 바벨탑이 보여 주는 것은 무엇인가?

●○
"또 말하되 자, 성과 대를 쌓아 대 꼭대기를 하늘에 닿게 하여 우리 이름을 내고 온 지면에 흩어짐을 면하자 하였더니"(창 11:4)

하나님의 창조하심으로부터 바벨탑 사건에 이르는 과정을 하나로 보면, 하나님의 6일 창조 사역 이후에 사람을 만드시고 만드신 그 사람에게 하나님의 축복선언과 명령을 통하여 하나님의 의도를 가르치신다. 그리고 그 사람들이 하는 대로 놔 두시며 그를 통하여 하나님의 계획을 이루어 가심을 보여 주고 있다.

그러나 아담이 실패하였고, 아벨이 가인에 의하여 죽임을 당하였고, 노아 시대의 사람들이 하나님을 떠났다. 그리고 노아 홍수 후의 사람들 역시 하나님을 떠난 상태를 보여 주고 있다. 사람들을 통해서 하나님의 뜻을 이루어 보고자 하였지만 사람들에게서는 전혀 가능성이 보이지 않았다.

따라서 바벨탑 사건을 통하여 하나님이 우리에게 주시는 말씀은 인간은 어쩔 수 없다는 것이다.

창세기 8장 20절에서 22절을 보면 "노아가 여호와를 위하여 단을 쌓고 모든 정결한 짐승 중에서와 모든 정결한 새 중에서 취하여 번제로 단에 드렸더니 여호와께서 그 향기를 흠향하시고 그 중심에 이르시되 내가 다시는 사람으로 인하여 땅을 저주하지 아니하리니 이는 사람의 마음의 계획하는 바가 어려서부터 악함이라 내가 전에 행한 것같이 모든 생물을 멸하지 아니하리니 땅이 있을 동안에는 심음과 거둠과 추위와 더위와 여름과 겨울과 낮과 밤이 쉬지 아니하리라"고 하셨다.

아담이 하나님의 말씀을 순종하지 않고 선악을 알게 하는 열매를 먹은 것이나 그 이후의 사람들에게서 하나님을 떠난 모습들을 보면서 하나님은 제2의 새로운 계획을 수립하신다.

바벨탑 사건을 통하여 하나님께서 우리에게 보여 주시는 것은 무엇인가?

1) 바벨탑 세대는 하나님의 진노의 심판인 노아의 홍수 사건을 잊어버린 세대였다

창세기 10장에서 노아의 후손의 족보가 나타난다. 이 족보를 기록한 내용을 보면 그 동안 많은 세월이 지났음을 암시해 주고 있다. 그러나 역사 속에 나타난 많은 나라의 창조 설화들을 보면, 그 속에 홍수 설화가 대부분 나타나는 것을 보게 된다. 이것은 노아의 아들들이 체험한 사건으로서 쉽게 잊으려고 해도 잊을 수 없는 사건 가운데 하나이기 때문에 이들이 흩어져서 왕국을 건설하여 살면서도 이것은 입에서 입으로, 구전으로, 책으로 전해져서 내려오게 되었던 것이다.

그러나, 사람들은 시간이 지남에 따라서 하나님의 진노의 무서움이 얼마나 컸나 하는 과거의 기억들을 잊어버리고 현재 쾌락이 넘치는 그들의 삶 속에 동화되어 갔던 것이다. 따라서 하나님을 무서워하지 아니하고 자기들 마음대로 살았던 사람들이 바벨탑 시대의 사람들이었다. 바벨탑 사건은 그들이 가장 인간 본위의 삶을 살 때 나타난 새로운 사건이었던 것이다. 하나님의 진노가 얼마나 무서운가를 잊어버린 사람들이 모여서 꾸며낸 결과가 바벨탑 사건이었다. 바벨탑 만큼이나 그들의 교만도 높아만 갔던 것이다.

2) 그러나 이들은 노아 홍수 사건을 잊어버리지 않았다

창세기 11장 4절 을 보면 "또 말하되 자, 성과 대를 쌓아 대 꼭대기를 하늘에 닿게 하여 우리 이름을 내고 온 지면에 흩어짐을 면하자 하였더니"라고 한 것을 보아 이들은 노아 홍수 사건을 기억하고 있었으며, 따라서 바벨탑을 하늘에까지 닿게 하였던 것이다.

그러나, 홍수 후에 하나님께서는 노아와 자녀들에게 다시는 홍수로 심판하지 않으시겠다는 표시로 무지개 언약을 하셨다. 이들은 이것을 생각하지 않고 또 다시 물로 심판하신다면 하고 피할 생각만 한 것이다. 하나님의 약속을 불신한 것, 이것이 이들의 잘못인 것이다.

모양만 다르지 내용은 아담의 범죄와 같은 유형의 죄이다. 아담은 하나님의 명령을 불순종하여 먹지 말라고 한 선악을 알게 하는 열매를 먹은 것이다.

그 때나 지금이나 사람들은 잊어야 할 것은 잊지 못하고, 기억해야 할 것은 기억하지 못하며 살아가는 사람들이 많이 있다. 결국 이들의 잘못된 생각이 바벨탑을 만들어 내게 된 것이다. 그리하여 또 하나님 께서 홍수를 내리신다면, 바벨탑으로 올라가면 살 수 있다는 생각에 이들은 바벨탑을 쌓기 시작한 것이다.

3) 하나님께 대항하려는 인간의 모습

하나님의 역사가 있는 곳에는 사단의 역사도 늘 함께 있어 왔다. 마찬가지로 하나님의 은혜가 노아에게 나타남으로 하나님의 계획이 이루어지는 것 같더니, 홍수 후에 사람들이 하나님께서 약속하신 언약을 불신하므로 말미암아 하늘에 닿는 높은 탑을 건설하게 되었다. 이 때 이들의 언어가 하나였으므로 모든 일들이 순순히 막힘없이 그들의 생각대로 이루어져가고 있었다.

과거에 천상에서 사단이 하나님과 같아지려는 교만함으로 인하여 타락하였던 것과 같이, 하와에게 접근한 사단이 선악을 알게 하는 나무의 과실을 먹으면 하나님과 같이 눈이 밝아진다고 하는 말 속에서 공통점을 발견할 수 있다. 그것은 "하나님과 같아진다"는 말로서 이것은 교만을 가리키는 것이다. 사단은 끊임없이 인간이 하나님에게 대항하도록 뒤에서 부축이고 있다. 속지 말라. 사단의 계략에 넘어가지 말라. 오직 하나님만 경배하며 하나님께만 영광을 돌려야 하는 것이다.

4) 하나님의 명령에 불순종하는 인간들

창세기 1장 28절을 보면 "하나님이 그들에게 복을 주시며 그들에게 이르시되 생육하고 번성하여 땅에 충만하라, 땅을 정복하라, 바다의 고기와 공중의 새와 땅에 움직이는 모든 생물을 다스리라 하시니라" 하셨다. 사람은 '땅을 정복' 하기 위해서 땅에 퍼져서 살아야 하는 것이다.

그러나, 그들은 하나님의 말씀에 불순종하여 흩어지지 않으려고 시날 평지에 모였으며 하나님께서 무지개 언약을 통하여 약속하신 내용들도 믿지 않았다. 그래서 바벨탑을 쌓았으며, 그 바벨탑을 하늘까지 닿도록 쌓기 시작하였다. 이는 하나님의 말씀 창세기 9장 15절에 "다시는 내가 노아 홍수와 같은 심판을 하지 않겠다"는 약속에 대한 철저한 불신이다.

지금도 하나님의 말씀을 듣지 않고 떠나서 사는 사람들이 얼마나 많은가? 하나님의 말씀에 순종하며 하나님의 뜻대로 사는 것이 성도의 진정한 행복인 것을 저들은 모르고 있는 것이다.

이들이 하나님을 거역하고 하나님의 말씀에 불순종하므로 이들은 또 다시 하나님의 진노 아래 놓이게 되었다.

신명기 28장에 보면 하나님께서 복과 저주를 우리 앞에 두셨다고 말씀하고 있다. 즉 하나님의 말씀을 순종하면 하나님께서 준비한 복을 주실 것이며, 하나님의 말씀에 불순종하면 저주가 임하게 될 것이라고 말씀하고 있다. 하나님의 복을 받을 수 있는 비결은 하나님의 말씀에 순종하는 것이다. 말씀에 순종하여 하나님이 주시는 복을 받아 누리는 성도가 되라. 이 바벨탑 사건은 하나님의 말씀을 떠난 사람의 모습을 보여 주고 있는 것이다.

5) 언어를 혼잡케 하신 하나님

하나님께서는 그들의 언어를 혼잡케 하시므로 사람들을 흩으셨다. 그 당시 사람들은 언어가 하나였으니 얼마나 좋았겠는가? 외국어를 배우지 않아도 되고, 그들 모두가 한 형제요, 한 민족이요, 한 국가였던 것이다. 그런 상황 속에서 불순종함으로써 가장 나쁜 환경으로 만들어 버렸다. 하나님이 주신 복도 제대로 관리하지 못하고 오히려 잘못 사용함으로 더 큰 어려움에 처하게 되었던 것이다. 이들은 이제 서로 다른 언어의 한계로 말미암아 한 곳에서 살 수 없게 되었다.

결국 이들은 하나님의 뜻대로 온 지구상에 퍼져서 그들의 삶을 영위하기에 이르게 되었던 것이다.

어떤 상황 속에서든지 하나님의 역사는 계속되고 있다. 이들이 자신들의 뜻을 이루는 것처럼 보였지만 결국 언어의 혼잡으로 하나님의 승리로 끝을 맺게 되었던 것이다.

따라서 바벨탑이 보여 주는 것은 인간은 어쩔 수 없다는 것이다. 이것은 하나님께서 인간을 포기하시겠다는 의미가 아니라 너희로는 되지 않으니까 내가 적극적으로 개입하여 너희의 구원을 이루시겠다는 의미의 내용을 담은 말씀이다. 이것이 아브라함을 부르심을 통하여 이루어지고 있다.

제 2 장

하나님의 구속을 위하여

35. 아브라함을 부르심

●○

"여호와께서 아브람에게 이르시되 너는 너의 본토 친척 아비 집을 떠나 내가 네게 지시할 땅으로 가라 내가 너로 큰 민족을 이루고 네게 복을 주어 네 이름을 창대케 하리니 너는 복의 근원이 될지라"(창 12:1-2)

아브라함은 부르심을 통하여 구속을 받은 사람의 대표이다. 창조역사와 달리 아브라함을 하나님께서 부르시고 그의 삶 속에서 하나하나 간섭하시고, 직접 개입하셔서 하나님의 뜻을 이루어 가시는 것을 보여주고 있다.

아브라함을 믿음에로의 부르심

아브라함은 셈의 후손으로 데라의 아들로 태어났다. 아브라함의 아버지는 우상을 만드는 우상제조업자이었다. 따라서 아브라함은 우상을 만드는 아버지 밑에서 자라면서 자연스럽게 우상을 접하게 되었다. 어려서부터 아버지를 도우면서 우상에 대하여는 많이 알았는지 모르지만 그가 하나님에 대하여 아는 것이라고는 전혀 없었다. 따라서 아브라함이 처음부터 믿음을 가지고 있었던 것은 아니었다.

하나님을 알지 못하고 살던 아브라함에게 하나님께서 찾아오신 것이다. 마치 하나님을 알지 못하고 세상에서 살던 나에게 하나님께서 찾아오심 같은 역사가 아브라함에게 나타난 것이다.

아브라함이 하나님을 만났을 때 그에게는 자식이 없었다. 이미 이들의 나이는 아이를 낳을 수 있는 나이를 훌쩍 뛰어 넘어 있었던 때였다. 그런 아브라함에게 하나님께서 네가 이곳을 떠나 내가 지시하는 땅으로 가기만 한다면 내가 너에게 큰 민족을 이루어주시겠다고 약속을 하신다. 하나님의 말씀을 듣기만 하면 평생의 숙원사업이 이루어진다는 것이다.

그 동안 자식이 없어서 마음고생이 심했는데 이제 하나님께서 아브라함의 마음을 아시고 지시하는 땅으로 떠나기만 하면 해결해 주시겠다는 것이다.

이 말을 들은 아브라함은 귀가 솔깃하였다. 그는 곧 아버지 데라와 상의를 하였다. 하나님께서 자기에게 말씀하신대로 데라에게 말하였다.

아브라함으로부터 이야기를 들은 데라도 "아브라함이 잘 된다면 무엇을 못하겠는가? 하나님 말씀대로 하여야 겠다."고 생각하였다. 그리고 가족을 모이게 한 후 고향을 떠날 것을 이야기하였다.

데라의 온 가족이 하나님께서 아브라함에게 말씀하신 그 땅을 향하여 출발하였다. 고향이 점점 멀어질수록 아버지 데라는 마음이 약해지기 시작하였다. 불안한 마음이 들기 시작하였다. "내가 이 나이에 어쩌자고 아브라함을 따라나섰지. 그냥 아브라함의 가정만 보낼 걸 그랬나?" 여러 가지 생각에 만감이 교차하곤 하였다.

그러던 중에 도착한 곳이 하란 땅이었다. 이곳에 도착한 데라는 더이상 떠날 마음이 없었다. 아브라함을 불러서 "너나 하나님 말씀대로 순종하여 이곳을 떠나서 가라"고 하였지만 연로한 아버지를 두고 자기만 떠날 수는 없었다. 그래서 차일피일 미루다 보니 그 곳에서 살게된 것이다.

하란에 머물며 살던 데라가 나이가 들어 하란 땅에서 죽었다. 온 가족이 데라의 장례를 지냈다. 어디선가에서 아브라함을 부르는 소리가 들렸다. 예전에 들었던 바로 그 소리였다. 하나님께서 아브라함에게 나타나신 것이다. "이제 이곳을 떠나 내가 네게 지시하는 땅으로 가라"고 하시는 것이었다.

아버지 데라는 아브라함의 옛사람이다.

여기서 한 가지 생각해 보기를 원한다. 아버지 데라의 의미를 말이다. 아브라함의 아버지 데라가 그 동안 아브라함의 발목을 붙잡고 있었던 것이다. 발목을 붙잡았던 데라가 죽었으니 더 이상 하란에 머물 이유가 없었다. 그러한 아브라함에게 하나님께서 떠나라고 하신 것이다.

이 그림이 여호수아서의 그림과 일치가 되는데 여호수아서에 보면 모세가 죽고 나자마자 하나님께서 여호수아에게 이제 요단강을 건너서 가나안으로 들어가라고 말씀하신다. 그 동안 여호수아 일행이 요단강을 건너가지 못하도록 모세가 이들의 발목을 잡고 있었던 것이다. 이제 모세가 죽었으니 건너가도 된다는 것이다.

여기서 데라와 모세는 무엇을 말하는가? 데라와 모세는 우리의 과거를 보여준다. 데라와 모세는 율법의 사람이요 우리의 옛사람을 말하는 것이다. 나의 옛사람이 죽지 않고는 어느 누구도 가나안에 들어갈 수가 없는 것이다. 육신적 자아가 죽을 때 생명의 역사가 나타난다.

아버지 데라가 죽고 하나님의 명령을 받은 아브라함은 식구들을 거느리고 조카 롯과 함께 하나님께서 지시하시는 땅을 향하여 출발을 하였다. 먼 길을 걸어서 어느덧 아브라함의 일행이 가나안 땅에 도착을 하였다. 가나안에 도착을 하여 보니 그 땅에 기근이 심하였다. 도저히 그대로 있을 수 없어 수소문을 해보니 남쪽은 조금 낫다고 하는 것이었다.

그래서 남쪽으로 내려 가다가보니 이들이 기근을 피해 내려간 곳이 애굽 땅까지 내려가게 된 것이다. 애굽에 들어가기 전에 아브라함이 사라에게 "당신은 내 누이라 하라 여기 사람들은 당신의 미모를 보고 나를 죽이고 당신을 빼앗을지 모르니 누이라 하면 당신도 살고 나도 살 수 있을 것 같소"라고 했다. 그리고 이들은 그렇게 하기로 하였다. 그들이 걱정하던 것이 실제로 나타났다. 사라를 애굽 왕에게 바치기 위하여 사람들이 아브라함의 일행에게 들이 닥친 것이다. 결국 아브라함은 사라를 애굽 왕에게 빼앗겨 버렸다.

바로보다 더 센 하나님?

고향 생각이 절로 났다. 고향에 있었으면 자식은 없었어도 사라를 다른 남자에게 빼앗길 일은 없었을 터인데. 아브라함은 그 밤을 눈물로 기도하며 지새웠던 것이다.

역사는 그 밤에 바로에게 나타났다. 하나님께서 바로의 집에 있는 여자들의 태를 다 닫으신 것이다. 뿐만 아니라 바로는 밤이 새도록 괴로운 밤을 보냈던 것이다.

바로가 아침이 되자마자 신하를 보내어 아브라함을 궁으로 불러들였다. 아브라함은 영문도 모르고 바로가 부른다기에 왕궁에 들어갔다. 바로가 사시나무 떨듯이 떨면서 몹시 두려운 마음으로 간밤에 나타나신 하나님께서 아브라함의 아내를 왕궁으로 들인 일로 인하여 자신이 고통을 받은 것을 이야기했다. 그리고 사라를 아브라함에게 돌려보내며 애굽을 즉시 떠나라고 하는 것이었다. 아브라함도 어리둥절하였다. 나는 새도 떨어뜨릴 수 있는 권력을 가진 바로가 무서워하는 분이 있다니 놀랄 일이었다. 세상에 바로가 겁을 내는 분이 있다니 그것도 더군다나 자기를 갈대아 우르에서 불러내신 그분이 바로보다도 더무서운 하나님이시라니? 아브라함이 놀랠 일이었다.

믿음이 점점 자라는 아브라함

믿음은 하나님을 아는 것이다. 호세아는 이스라엘 백성들에게 "그러므로 우리가 여호와를 알자 힘써 여호와를 알자 그의 나오심은 새벽 빛 같이 일정하니 비와 같이, 땅을 적시는 늦은 비와 같이 우리에게 임하시리라 하리라"(호 6:3)고 하였던 것이다.

하나님을 알 때에 그분을 의지하며 신뢰함으로 맡기게 되는 것이다. 이 일로 인하여 아브라함은 자기가 알기로는 세상 권력 가운데 바로의 권력이 으뜸인데 하나님은 바로의 권력보다 더 센 하나님이신 것을 알게 되었다.

이 일로 하나님의 능력을 체험한 아브라함은 가나안에 들어가자마자 조카와 살림을 나눌 것을 제의하게 된다. 이것은 아브라함의 믿음이 자란 것을 보여 주는 것이다. 사람을 의지하던 아브라함이 이제 하나님을 의지하게 되는 전환점이 된 것이다.

고대로 올라갈수록 힘의 논리가 강하게 존재하던 시대이다. 그 당시는 힘이 센 사람만이 모든 것을 얻을 수 있는 시대였다. 힘이 약하면 빼앗겨도 말 한 마디 못하던 때였다. 이러한 때에 아브라함의 힘을 둘로 나눈다는 것은 대단한 모험이었다.

그러나, 아브라함은 조카와 결별하고 하나님만을 바라며 살기로 결심하고 롯과 분리하게 된 것이다.

그 때 하나님께서 아브라함에게 찾아오셔서 그를 위로하시면서 함께 하심을 보여 주신다. "롯이 아브람을 떠난 후에 여호와께서 아브람에게 이르시되 너는 눈을 들어 너 있는 곳에서 동서 남북을 바라보라 보이는 땅을 내가 너와 네 자손에게 주리니 영원히 이르리라 내가 네 자손으로 땅의 티끌 같게 하리니 사람이 땅의 티끌을 능히 셀 수 있을 진대 네 자손도 세리라 너는 일어나 그 땅을 종과 횡으로 행하여 보라 내가 그것을 네게 주리라 이에 아브람이 장막을 옮겨 헤브론에 있는 마므레 상수리 수풀에 이르러 거하며 거기서 여호와를 위하여 단을 쌓았더라"(창 13:14-18)고 하였다.

이런 일들로 말미암아 그의 믿음은 점점 성장하였고 결국에는 모리아 땅에 있는 한 산에서 아들 이삭을 드리는 시험에 합격하여 믿음의 조상이 되는 영예를 얻게 된 것이다.

아브라함은 처음부터 믿음이 있었던 사람이 아니었다. 하나님 앞에서 훈련을 통하여 그의 믿음이 점점 자라게 된 것이다. 믿음이 없다고 걱정하지 말라. 날마다 하나님의 말씀에 순종함으로 믿음을 키워나가면 된다. 아브라함의 믿음은 하나님을 아는 만큼 자란 것을 본다. 우리도 하나님을 아는 만큼 우리의 믿음도 성장할 것이다.

36. 아브라함은 믿음을 보여 준다

●○

"네 앞에 온 땅이 있지 아니하냐 나를 떠나라 네가 좌하면 나는 우하고 네가 우하면 나는 좌하리라"(창 13:9)

1) 믿음이란 하나님과의 바른 관계회복을 말한다.

믿음은 하나님의 선물이다. 에베소서 2:8을 보면 "너희가 그 은혜를 인하여 믿음으로 말미암아 구원을 얻었나니 이것이 너희에게서 난 것이 아니요 하나님의 선물이라"고 하였다.

아브라함이 믿음이 전혀 없을 때, 아니 오히려 믿음이 아닌 우상에 심취해 있을 때 하나님께서 아브라함을 찾아오셔서 부르신 것이다. 그래서 아브라함이 하나님을 알게 되었고 관계를 맺게 된 것이다. 찾아오신 하나님으로 인하여 하나님과의 관계 속으로 들어오게 된 것이다. 아브라함의 의도와는 관계 없이 하나님께서 이루신 일들이다.

이런 만남을 통해서 하나님과의 바른 관계를 회복시키시고 그의 삶 속에 하나님이 함께 하시므로 하나님에 대한 바른 인식과 바른 믿음

안에서 하나님과의 바른 관계가 정립되어지는 과정을 보여 주고 있다. 믿음은 하나님을 알고 바른 관계 안으로 들어가는 것이다.

2) 믿음이란 맡기는 위탁행위이다.

아브라함이 갈대아 우르에서 떠날 수 있었던 것은 하나님의 약속을 신뢰함으로 이루어진 것이다. 창세기 12:1-3에서 "여호와께서 아브람에게 이르시되 너는 너의 본토 친척 아비 집을 떠나 내가 네게 지시할 땅으로 가라 내가 너로 큰 민족을 이루고 네게 복을 주어 네 이름을 창대케 하리니 너는 복의 근원이 될지라 너를 축복하는 자에게는 내가 복을 내리고 너를 저주하는 자에게는 내가 저주하리니 땅의 모든 족속이 너를 인하여 복을 얻을 것이니라 하신지라"고 하신 약속을 믿었기 때문에 그는 떠날 수 있었던 것이다.

하나님을 신뢰하지 않았다면 그는 자신을 하나님께 의탁하지 않았을 것이다. 우리가 결혼을 할 때 상대방 배우자를 신뢰하니까 일생을 맡기는 것처럼 어떤 면에서 신앙은 세상의 결혼보다 더 중요하다고 할 수 있다. 하나님을 아는 만큼, 믿는 만큼 많은 것을 맡길 수 있는 것이다.

3) 믿음이란 포기와 선택이다.

아브라함이 보여 준 믿음의 모습은 자기가 살던 갈대아 우르를 포기하고 하나님의 약속의 땅 가나안을 선택하는 것이고, 그 동안 자식이상으로 사랑하며 함께 하던 조카 롯을 포기하고 하나님을 선택하는 것이다. 또한 백세에 낳은 아들이라 할지라도 자기를 부르시고 인도하신 하나님의 명령에 따라서 이삭을 포기하고 하나님을 선택함으로 인하여 그는 믿음의 조상이라는 칭호를 받게 된 것이다.

아브라함이 붙잡고 있었던 갈대아 우르나 롯이나 이삭은 우리가 의지하고 붙잡고 있는 세상, 재능, 물질, 명예, 자기 힘이라고 할 수 있다. 롯의 경우를 보면 당시에 롯은 아브라함의 힘의 일부였다. 그 힘을 잘라 버리는 것은 쉬운 일이 아니다. 누군가가 쳐들어온다면 한 사람이 새로운 때에 자기의 힘을 반으로 축소시키는 것은 세상 줄을 끊어버리고 하나님을 선택한 믿음이라고 할 수 있다. 우리가 세상에서 의지하던 것들을 포기하고 하나님을 선택하고 하나님을 의지한다면 나는 믿음의 사람인 것이다.

4) 믿음은 순종이다.

사람들은 "저 사람은 믿음이 좋다", "저 사람은 믿음이 없다", "저 사람은 믿음이 별로다"라고 말들을 한다. 무엇을 가지고 그런 말들을 할까? 교회생활을 보고 판단하는 것일까? 성경을 보면 좋은 나무는 좋은 열매를 맺고, 나쁜 나무는 나쁜 열매를 맺는다고 하였다. 좋은 나무가 나쁜 열매를 맺을 수 없고 나쁜 나무가 좋은 열매를 맺을 수 없다고 하였다. 다시 말해서 씨는 속일 수 없다는 말이다. 그러면 믿음이 있는 사람은 어떤 열매를 맺는가?

믿음이 있는 사람에게는 순종의 열매가 맺히게 되어 있다. 아브라함이 하나님의 말씀에 순종하여 그의 행로를 하나님의 뜻에 맞추어 살아간 것을 우리에게 보여 주고 있다. 순종하는 삶이 믿음의 열매인 것이다. 결국 모리아산에서 이삭을 바치는 순종으로 아브라함은 하나님께 인정을 받게 되었다. 믿음이 있다고 하면서 하나님의 말씀에 순종하지 않는다면 그 사람은 믿음이 없는 것이다. 믿음의 척도는 순종이다. 따라서 그 사람의 순종을 보고 믿음을 판가름할 수 있다.

5) 믿음은 능력이다.

아브라함을 떠나서 소돔성을 선택하여 간 조카 롯이 소돔성에서 살다가 북방 왕들이 침입하였을 때에 포로로 사로잡혀 끌려갔다. 이 소식을 전해들은 아브라함은 겁도 없이 자기 집에서 데리고 있던 318명의 가신들을 데리고 올라가 북방 왕들을 치고 이 전쟁에서 승리하여 사로잡혀 간 사람들과 조카 롯을 구출하고 빼앗아 갔던 소돔의 재물을 다시 되찾아오게 된다.

사실 북방 왕들은 네 나라가 연합한 나라였다. 이 나라들을 쳐서 이겼다고 하는 것은 아브라함이 잘 싸워서가 아니었다. 하나님께서 아브라함과 함께 하심으로 가능한 일이었다. 하나님을 의지하고 나간 첫 번째 전쟁에서 아브라함은 승리의 개가를 올린 것이었다.

롯을 통한 마음의 시련이 하나님의 역사를 보는 기회가 되었던 것이다. 믿음의 사람은 하나님의 능력을 믿음으로 놀라운 역사를 체험하게 된다. 아브라함은 이런 일들을 통해서 하나님을 더 많이 알아가게 되며 능력 있는 삶을 살게 되었다.

6) 믿음은 아들을 갖는 것이다.

아브라함의 일생을 통하여 볼 때 아브라함은 하나님의 약속을 믿고 갈대아 우르에서 나왔다. 그 약속은 내가 너로 큰 민족을 이루며, 복의 근원이 되게 해 주시겠다는 것이다. 그런데 시간이 지나도 자식이 없게 되자 아브라함은 점점 초조해지기 시작하였다. 그래서 종들 가운데 신실한 종을 택하여 상속자로 삼으려고 하였다.

하나님을 만난 아브라함이 "주 여호와여 무엇을 내게 주시려나이까 나는 무자하오니 나의 상속자는 이 다메섹 엘리에셀이니이다 아브람이 또 가로되 주께서 내게 씨를 아니주셨으니 내 집에서 길리운 자가 나의 후사가 될 것이니이다"(창 15:2-3)라고 하였다. 그러나 하나님은 "아니다 네 몸에서 날 자가 네 후사다"라고 하셨다. 그래서 생각해 낸 것이 하갈과 동침해서 아들을 낳는 것이었다. 결국 아들을 낳았지만 하나님께서 인정을 하지 않으셨다.

창 16:1-2을 보면 "아브람의 아내 사래는 생산치 못하였고 그에게 한 여종이 있으니 애굽 사람이요 이름은 하갈이라 사래가 아브람에게 이르되 여호와께서 나의 생산을 허락지 아니하셨으니 원컨대 나의 여종과 동침하라 내가 혹 그로 말미암아 자녀를 얻을까 하노라 하매 아브람이 사래의 말을 들으니라"고 하여 인간적으로 아들을 낳았다. 그러나 이렇게 해서 낳은 이스마엘도 하나님께서 인정하지 않으신 것이다.

하나님께서 아브라함을 비롯한 아브라함의 가족이 할례를 시행하게 하신다. 그 후에 하나님께서 아브라함에게 아들을 주셨는데 바로 이삭이다.

창 21:1-4을 보면 "여호와께서 그 말씀대로 사라를 권고하셨고 여호와께서 그 말씀대로 사라에게 행하셨으므로 사라가 잉태하고 하나님의 말씀하신 기한에 미쳐 늙은 아브라함에게 아들을 낳으니 아브라함이 그 낳은 아들 곧 사라가 자기에게 낳은 아들을 이름하여 이삭이라 하였고 그 아들 이삭이 난 지 팔 일만에 그가 하나님의 명대로 할례를 행하였더라"고 하였다. 말씀대로 약속하신 그 아들이 태어난 것이다. 이 본문을 보면 "말씀대로"라고 하는 말이 1절과 2절에 세 번이나 나오고 있다.

이 이삭은 말씀대로 오신, 그리고 말씀이신 그리스도의 모형이다. 하나님이 보내신 아들을 우리도 믿어야 한다. 예수 그리스도만이 우리의 구주가 되신다.

37. 아브라함은 그리스도의 모형

●○

"내가 너로 큰 민족을 이루고 네게 복을 주어 네 이름을 창대케 하리니 너는 복의 근원이
될지라"(창 12:2)

하나님께서 아브라함을 부르실 때에, 아브라함을 부르시는 그 모습
속에 또 다른 의미의 그림을 함께 포함해 놓으셨다. 구약 성경의 등장
인물들은 자기의 배역 외에 또 하나의 캐릭터 또는 두 개의 캐릭터를
가지고 있는 경우가 많이 있다. 우리는 여기서 그들이 가지고 있는 캐
릭터를 찾아서 그 의미를 살펴보고자 하는 것이다.

아브라함은 아브라함의 그림 외에도 다른 모양의 그림을 가지고 있
는 것이다. 아브라함의 전체적인 그림은 이렇다. 아브라함을 하나님
께서 부르셔서 그로 하여금 하나님의 새로운 가족을 만들어 나가시겠
다는 것이다.

그렇다면, 이 새로운 식구는 아브라함을 통하여 이루어지는 가계이
다. 그렇다면 하나님은 인간 아브라함을 통하여 인류를 구속하시려는

것인가? 그것은 아니다. 그렇다면 아브라함이 보여 주는 것은 예수 그리스도의 모형인 것이다. 따라서 우리는 아브라함을 통하여 예수 그리스도를 발견하여야 한다.

이런 배경을 전제하고 창세기 12장 1절로 3절까지를 보자.

"여호와께서 아브람에게 이르시되 너는 너의 본토 친척 아비 집을 떠나 내가 네게 지시할 땅으로 가라 내가 너로 큰 민족을 이루고 네게 복을 주어 네 이름을 창대케 하리니 너는 복의 근원이 될지라 너를 축복하는 자에게는 내가 복을 내리고 너를 저주하는 자에게는 내가 저주하리니 땅의 모든 족속이 너를 인하여 복을 얻을 것이니라 하신지라"

이 말씀은 예수 그리스도의 오심과 그의 사역을 보여 주고 있음을 알 수 있다.

1절에서 하나님께서는 하란 땅에서 아브라함의 아비 데라가 죽어 장사를 치르자마자 아브라함에게 하란을 떠나서 지시하는 땅으로 떠나라고 하셨다. 그런데 하나님은 아브라함에게 "너는 너의 본토 친척 아비 집을 떠나 내가 네게 지시하는 땅으로 가라"고 하신다.

여기서 우리는 하나님의 숨겨진 비밀 하나를 찾아낼 수 있다. 본문에서 아브라함은 아브라함이 아니라 그리스도의 모형인 것이다. 성경을 자세히 보면 알겠지만 하란 땅은 아브라함에게 있어서 본토 친척 아비집이 아니었다. 아브라함에게 본토 친척 아비 집은 하란이 아닌 갈대아 우르가 맞는 것이다. 그런데 하나님께서는 아브라함에게 본토 친척 아비 집을 떠나라고 하고 계신 것이다. 영적으로 볼 때 이것은 아브라함이라고 보기보다는 예수 그리스도의 모형이다.

이 본문의 말씀은 앞으로 있을 메시아의 초림을 말씀하고 있는 것이다. 따라서 그리스도가 하늘에 있는 하나님의 집인 본토 친척 아비 집을 떠나서 하나님께서 지시하신 이 땅에 오실 것을 가르쳐 주시는 부분이다. 예수님의 성육신을 보여 주고 있는 것이다.

또한 예수님께서 십자가에서 우리의 죄를 대속하심과 사단을 발 아래 굴복시킴으로 인하여 큰 민족을 이루시며, 주님의 이름이 창대케 되며, 복의 근원이 되실 분이심을 보여 주고 있다. 예수님을 축복하는 사람에게 축복하시고 예수님을 저주하는 자에게는 저주하시며 땅의 모든 족속이 예수 그리스도로 인하여 복을 얻게 된다는 말씀이다. 아브라함은 여기서 예수 그리스도의 모형으로 주님이 오실 것과 그의 사역의 결과를 보여 주고 있는 것이다.

38. 축복받는 믿음

○●

"너를 축복하는 자에게는 내가 복을 내리고 너를 저주하는 자에게는 내가 저주하리니 땅의 모든 족속이 너를 인하여 복을 얻을 것이니라 하신지라"(창 12:3)

축복은 믿고 순종하는 데서 온다.

믿음 + 순종 = 축복이다.

기적은 어저께 믿기 시작한 사람도 체험할 수 있지만 믿음의 축복은 대개 원숙한 신앙의 경지에 도달한 믿음의 소유자가 받아 누릴 수 있다(뿌린 것이 있어야 거둔다는 것과 심은 대로 거두는 법칙을 잊지 말라). 순종의 믿음, 축복의 믿음은 그 믿음의 중심이 나에게서 하나님에게로 옮겨간 믿음이다.

예를 들면 아브라함이 모리아산에서 아들 이삭을 바침은 철저하게 하나님 말씀에 순종함을 보여 주는 것이다. 또 다른 예를 보면 민수기 21장 4절을 보면 이스라엘 백성이 불뱀에 물려 죽을 때에 모세가 백성을 위하여 기도하니 여호와께서 "놋뱀을 만들어 장대 위에 달라 물린 자마다 그것을 보면 살리라"고 하였다.

간절한 소원 + 순종 = 기적이 일어났다.

아람나라의 나아만 장군은 믿음은 없었다. 그러나 엘리사의 말에 순종할 때에 기적을 체험하였다.

39. 교회의 태동

●○

"아브람이 하갈과 동침하였더니 하갈이 잉태하매 그가 자기의 잉태함을 깨닫고 그 여주인을 멸시한지라"(창 16:4)

하나님의 은혜로 아브라함을 통하여 구약의 교회와 신약의 교회가 나오게 되는 것을 보여 주신다.

영적으로 보면 같은 유형의 모습이 나타나는데 내용상으로는 차이가 크다.

아브라함 – 사라 = 이삭 – 신약교회가 나오고
아브라함 – 하갈 = 이스마엘 – 구약의 교회가 나온다.

하갈은 애굽 여인이며 아브라함의 첩으로 아브라함이 기근을 피하여 애굽에 갔다가 얻은 여인 같다. 하갈이 아들은 낳았지만 아내로서의 효력은 없다. 하갈이 아들을 낳게 된 것은 사라와 아브라함의 인간적인 방법에 의해서 된 것이다. 이것은 율법 아래서의 삶을 보여주고 있다. 아브라함이 하갈을 얻으므로 이스마엘은 낳았지만 인간적인 고통은 더하게 되었다.

율법은 죄를 깨닫게는 하지만 죄를 하나라도 없애지는 못한다. 하갈이 아내의 역할은 못했지만, 그러나 이스마엘의 어머니로서의 자격은 있다. 이것은 율법적 기능과 같다. 율법이 몽학 선생으로 예수 그리스도가 오시기 전까지의 역할이 그것이다.

사라는 하나님의 부르심을 입은 여인이며 본부인으로 자식을 늦게 낳았지만 정통성을 부여받은 아내로서의 효력은 유효하다. 이삭의 어머니로서 약속의 씨가 열매 맺게 되며, 이 아들을 통한 하나님의 언약은 성취된다. 이삭은 그리스도의 모형이다.

40. 아브라함과 롯의 신앙의 가계도

●○

"롯의 아내는 뒤를 돌아본 고로 소금기둥이 되었더라"(창 19:26)

아브라함과 롯의 가정을 통하여 신앙의 가계도를 살펴보자.

아브라함의 가계도를 살펴보면 아브라함은 하나님의 부르심을 입는 순간부터 자기의지를 버리고 하나님의 말씀을 따라 순종하는 삶을 살았다. 그의 아들 이삭은 아버지를 본받아 순종하는 아들로 모리아산에서 번제물이 되기까지 순종하므로 블레셋 땅인 그랄 땅에서 백배의 축복을 받았다.

이삭의 아들 야곱이 하나님의 도우심으로 하나님만을 의지하므로 가는 곳마다 복을 받았으며 요셉을 통하여 하나님의 이름이 애굽까지 알려지는 역사가 나타날 것이다. 아브라함의 가계도를 보면 신본주의적인 내용을 담고 있음을 볼 수 있다.

롯의 가계도를 살펴보자.

롯은 처음부터 삼촌인 아브라함을 쫓아 따라다니면서 아브라함에게 역사하시는 하나님을 곁에서 본 사람이다. 하나님과의 직접적인 만남은 없었지만 삼촌이 하나님을 체험하는 것을 여러 번에 걸쳐서 목격했던 사람이다.

그러나, 보기는 보았어도 자신의 신앙에 직접적인 영향을 미칠 사건으로는 보지를 않았다. 소돔의 멸망을 예고 받은 순간 롯의 신앙은 그대로 표현될 수밖에 없었다.

천사들이 지시하는 먼 산을 포기하고 소돔에서 가까운 소알성으로 피신하였다. 하나님께서 롯을 살리시기 위하여 멀리 있는 산으로 가라고 하였지만 거기까지 가다가 죽을 까봐 가까이 있는 소알성으로 가기를 원했던 것이다. 그럼에도 하나님은 그것까지 허락하셨다.

롯의 처는 가까이 있는 그 성에 도착하기도 전에 세상에 미련이 많아 뒤돌아보다가 소금기둥이 되었다.

믿음이 없는 사람은 가깝던지 멀던지 상관 없다. 또 믿음이 좋은 사람도 마찬가지이다. 교회와 집과의 거리가 문제가 아니라 하나님과 나와의 거리가 문제라는 것이다. 하나님을 사랑하여 교회를 섬기는 사람이라면 교회가 아무리 멀어도 열심히 나오지만 하나님에 대한 사랑이 식었을 뿐만 아니라 믿음이 없는 사람은 한 정류장만 이사를 가도 교회에 나오지를 않는다. 거리가 문제가 아니라 하나님에 대한 사랑이 문제인 것이다.

롯은 우여곡절 끝에 두 딸과 함께 소알성으로 소돔성의 재앙을 피하여 들어갔다. 롯의 두 딸은 소알성에서 살게 되었다.

어느 날 두 딸이 서로 의기투합하여 아비에게 술을 잔뜩 먹여서 취하게 만들고 큰 딸이 아비에게로 들어갔다가 나왔으며, 다음날도 동일하게 작은 딸이 아비에게로 들어갔으나 롯이 알지를 못하였다. 이렇게 해서 모압과 암몬이라는 아들을 낳았는데 이들이 모압 족속과 암몬 족속의 조상이 되었다. 그러나 이들은 이스라엘 총회에 들어올 수 없게 되었다.

롯의 아내는 소금기둥이 되고, 롯의 두 딸은 아비와 동침하여 자손을 낳았다. 결국 인본주의적인 생각을 가지고 살던 롯의 가정은 문제의 가정으로 전락하고 말았다. 아브라함을 통하여 신앙의 진수를 배울 기회가 있었지만 그 기회를 선용하지 못한 결과였던 것이다.

41. 신앙을 업그레이드 하라

●○
"내가 너로 하늘의 하나님, 땅의 하나님이신 여호와를 가리켜 맹세하게 하노니 너는 나의 거하는 이 지방 가나안 족속의 딸 중에서 내 아들을 위하여 아내를 택하지 말고 내 고향 내 족속에게로 가서 내 아들 이삭을 위하여 아내를 택하라"(창 24:3-4)

자녀의 결혼관을 통하여 본 신앙

자녀의 결혼을 통해서 본 아브라함과 하갈의 신앙을 보면 이 둘은 전혀 다른 모습을 보여 주고 있다.

아브라함이 이삭을 결혼시키기 위하여 취한 방법은 이삭의 아내를 하란 땅에 있는 여인 중에서 택하여 오라고 늙은 종을 특별히 보내어 데리고 오게 하였다. 그러나 하갈의 경우를 보면 아브라함의 집에서 나온 후 떠돌아다니다가 이스마엘이 성장하여 결혼을 시키는데 애굽 여인을 취하여 결혼을 시켰다. 이것을 보면 그녀의 삶은 결국 자신의 신앙의 범주를 넘지 못한다는 것을 보여 준다. 하갈은 아브라함의 집에서 살았지만 아브라함의 하나님을 만나지 못하였다. 보고 배운 것이 없었다.

그러나 아브라함의 명령을 받은 늙은 종은 메소보다미아 지역인 하란으로 가서 우물가에서 주인의 명령을 생각하며 하나님께 기도를 하였다. 그의 기도를 보면 창세기 24장 12절에서 14절에 나타난 대로 "그가 가로되 우리 주인 아브라함의 하나님 여호와여 원컨대 오늘날 나로 순적히 만나게 하사 나의 주인 아브라함에게 은혜를 베푸시옵소서 성중 사람의 딸들이 물 길러 나오겠사오니 내가 우물 곁에 섰다가 한 소녀에게 이르기를 청컨대 너는 물 항아리를 기울여 나로 마시게 하라 하리니 그의 대답이 마시라 내가 당신의 약대에게도 마시우리라 하면 그는 주께서 주의 종 이삭을 위하여 정하신 자라 이로 인하여 주께서 나의 주인에게 은혜 베푸심을 내가 알겠나이다"하고 하나님께 모든 것을 맡긴다.

그 기도를 하나님께서 들으시고 기도가 끝나자마자 아브라함의 혈육이요 아리따운 처녀인 리브가를 순조로이 만나게 하셨다.

리브가의 집으로 간 아브라함의 종은 자신을 보낸 아브라함의 이야기와 자신이 이곳까지 오게 된 동기와 함께 리브가의 부모형제에게 리브가를 신부로 데리고 갈 것을 말하고 허락을 받아낸다. 리브가는 그 이튿날 늙은 종을 따라나서 가나안에 있는 아브라함의 집으로 와서 이삭과 결혼하게 되었다.

하갈이 아브라함과 얼마나 많은 세월을 같이 했는가? 결국 깨닫지 못하면 실패자가 되고 마는 것이다.

한 집에서 살던 세 사람의 모습을 보면,

1) 아브라함은 믿음의 조상이 되었는데

2) 조카 롯은 그럭저럭 믿는 신앙인이 되었고

3) 하갈은 별 볼일 없는 신앙인이 되었다.

이삭의 결혼의 영적인 의미

이삭은 예수 그리스도의 모형으로 그의 결혼은 신부인 성도를 부르시는 구속사적인 관점에서 보아야 한다. 따라서 우선 이 부분에서 등장하는 등장인물들에 대하여 영적인 배역을 살펴보는 것이 이해가 빠르리라고 생각한다. 아브라함은 성부 하나님으로, 이삭은 성자 하나님으로, 그리고 늙은 종은 성령 하나님이며, 리브가는 장차 그리스도의 신부가 될 사람으로 그가 살고 있었던 메소보다미아 지역의 하란은 세상으로 보자.

성부 하나님의 구속을 위한 계획에 의하여 성자 예수 그리스도가 화목제물로 십자가에 달려 죽으셨다. 그리고 부활하시고 승천하신 후 약속대로 보혜사 성령을 보내 주셨다. 성령은 구속의 적용을 위하여 개인 개인에게 역사하고 계신다. 이런 틀 안에서 하나님은 하나님 나라의 확장을 위하여 성령을 통하여 그리스도의 신부들을 부르고 계신 것이다.

아브라함의 특명을 받은 늙은 종은 지체하지 아니하고 메소보다미아로 가서 나홀의 성에 이르러 이삭의 신부될 처자를 순순히 만나게 해달라고 기도하므로 리브가를 만나게 되었다. 리브가를 만난 종은 가지고 간 금장식을 패물로 주었다. 이것을 받은 리브가는 자신의 집으로 종을 인도하여 부모 형제를 만나게 하였다. 그 앞에서 종을 따라서 가겠다고 말한다. 결국 종과 함께 길을 떠나서 이삭을 만나 가정을 이루게 되었다.

이 전체적인 내용을 요약하면 성령께서 우리를 그리스도의 신부로 부르심과 아울러 리브가에게 금장식을 선물로 주시듯 우리에게 믿음을 선물로 주시고 그리스도를 영접하게 하시고 우리를 그리스도에게로 인도하시는 분이 성령님이신 것이다. 우리도 리브가처럼 망설이지 않고 즉시 순종하여 따르는 성도가 되어야 한다.

42. 아브라함의 후사관으로 본 믿음의 유형

●○

"아브람이 가로되 주 여호와여 무엇을 내게 주시려나이까 나는 무자하오니 나의 상속자는 이 다메섹 엘리에셀이니이다"(창 15:2)

첫째는 다메섹 엘리에셀을 먼저 살펴보자.

아브라함은 하나님을 만난 후에 아들에 대한 집요한 애착을 보였다. 하나님께서 약속하셨기 때문에 더했는지도 모른다. 하나님께서 아브라함을 부르실 때에 "너로 큰 민족을 이루겠다"고 하셨으니 그것을 믿은 것이다.

아무리 기다려도 자식이 생기지 않아서 궁여지책으로 생각한 것이 종들 가운데서 하나를 뽑아서 양자를 삼는 것이었다. 사라와 의논한 결과 종들 가운데서 신실하고 믿을 만한 종이 다메섹 엘리에셀이었다. 다메섹 엘리에셀을 마음에 둔 아브라함은 어느 날 찾아오신 하나님에게 자기의 의중을 아뢰었다. "다메섹 엘리에셀이 나의 상속자가 될 것입니다"라고 하였더니 하나님께서 화를 내시며 "네 몸에서 날 자가 네 후사다"라고 하시는 것이었다.

이것을 통해서 우리가 우리의 믿음을 분석해 본다면 이러한 믿음은 억지믿음이다. 없으면서도 있는 척하는 믿음, 모르면서도 아는 척하는 믿음, 믿음이 아무것도 없으면서 믿음이 있는 척하는 것이다. 그리고 단순히 예수님을 믿으면 복을 받는다고 하니까 믿는 것도 이 부류에 들어간다.

그러나 분명히 알아야 할 것은 누구나 처음에는 이 단계를 거쳐야 한다. 아들처럼 여겨도 아들이 아니며, 자식처럼 여겨도 자식이 아닌 어정쩡한 관계를 하나님은 분명히 아니라고 말씀하고 있다.

둘째로는 아브라함과 하갈 사이에서 낳은 아들 이스마엘이다. 이스마엘은 하나님께서 주신 아들이 아니라 아브라함과 사라의 생각 속에서 나온 작품이다.

이스마엘이 보여 주는 것은 가짜 믿음을 말하며, 유사 믿음을 보여 준다고 할 수 있다. 유사 믿음은 인본주의적 믿음으로서 이러한 믿음을 가진 사람은 믿음이 아닌 신념으로 사는 사람으로 예수님을 자신의 안에 모시지 않고 밖에 모시고 사는 믿음의 소유자이다. 예수님을 안으로 모셔야 한다. 바리새인 같은 믿음을 말한다. 이 믿음은 책망을 받을 수밖에 없다.

자신을 들어내려는 교만한 믿음으로서 교회에 나오지도 않으면서 믿음이 있는 척하며, 기도하지도 않으면서 믿음이 있는 척하며, 봉사하지도 않고도 믿음이 있는 척하는 사람들이라고 할 수 있다.

셋째는 하나님께서 아브라함과 사라에게 주신 아들로서 약속의 씨인 이삭이다. 이삭은 예수 그리스도의 모형으로 진짜 믿음을 보여 준다.

이 믿음은 예수 그리스도 안에서 주님과 함께 하는 임마누엘의 신앙적 믿음으로 갈보리까지 나아가는 순종하는 믿음이며, 겸손히 자기를 낮추는 믿음이다. 자기를 희생하기를 예수그리스도가 우리를 위해 희생하듯 하며, 용서의 삶을 사는 믿음의 사람이다. 철저히 자기를 부인하며 예수님의 제자로서의 삶을 사는 진정한 그리스도인을 말한다.

43. 아들 문제는 종교문제이다

●○
"하나님이 가라사대 아니라 네 아내 사라가 정녕 네게 아들을 낳으리니 너는 그 이름을 이삭이라 하라 내가 그와 내 언약을 세우리니 그의 후손에게 영원한 언약이 되리라"(창 17:19)

1) 나의 상속자는 다메섹 엘리에셀 (가짜 종교)

자기가 데리고 있던 종을 상속자로 삼는 것은 고대의 상속자 선택법 중 하나이다.

창세기 15장 2절과 3절에서 아브라함은 자기를 찾아오신 하나님께 서운한 감정을 털어 놓는다. "아브람이 가로되 주 여호와여 무엇을 내게 주시려나이까 나는 무자하오니 나의 상속자는 이 다메섹 엘리에셀 이니이다 아브람이 또 가로되 주께서 내게 씨를 아니 주셨으니 내 집에서 길리운 자가 나의 후사가 될 것이니이다"

하나님께서 아브라함에게 자식을 주시지 않은 것에 대하여 무자함을 말하며, 자기 집에서 제일 성실한 종 다메섹 엘리에셀이 자기의 상속자라고 말하고 있다. 이것에 대하여 하나님께서는 "네 몸에서 날 자가 네 후사이지 종이 네 상속자가 아니라"고 하신다. 여기서 우리는 분명히 알아야 할 것이 있는데 "네 몸에서 날 자"라는 것이다.

종들 가운데서 상속자를 뽑는다면 언제라도 뽑을 수 있으며, 지금이 아니라도 언제든지 가능하고, 다메섹 엘리에셀이 아니라도 아브라함의 집에 종들이 얼마든지 있었다는 것을 알아야 한다. 이들 가운데서 상속자는 언제든지 아브라함의 마음에 드는 사람으로 뽑을 수 있다.

그러나 하나님께서는 아브라함의 몸에서 날 자가 후사라는 것이었다. 이것은 하나님이 자식을 반드시 주셔야 되는 것이지 아브라함이 만들 수 있는 것이 아니라는 것이다.

종교적인 입장에서 보면 종교는 내가 선택하는 것이 아니라는 것이다. 만일 내가 선택할 수 있다면 그래서 이 종교에서 저 종교로 마음대로 옮기고 그리고 싫으면 버리고, 옮겨가고 할 수 있다면, 신을 내 마음대로 선택하는 것이라면, 이것은 종교가 아니다. 진정한 종교는 신이 나를 선택하고 그 분의 간섭을 받으며, 그 안에서 그분이 주시는 복을 누리며 사는 것이다.

여러분이 신을 선택할 수 있다면 여러분은 여러분이 선택한 신보다 훨씬 우월한 사람이다. 그러니까 인간이 마음대로 신을 선택할 수 있다면 그 신은 가짜인 것이다.

2) 하갈이 낳은 이스마엘 (유사종교)

사라가 아브라함에게 자기에게 자녀를 주시지 않으니 여종인 하갈을 통하여 자녀를 낳아 보자고 제의를 하였다. 이것을 좋게 여긴 아브라함이 하갈을 취하여 아들을 낳았는데 이름이 이스마엘이었다.

아브라함이 속으로 "이제는 되었다"라고 생각하고 있는데 하나님께서 오시지를 않는 것이었다. 13년이 지난 어느 날 아브라함이 99세 되던 해에 하나님이 찾아 오셨다. 오셔서 "너는 열국의 아비가 될찌라"고 하시는 것이었다. 그리고 할례의 언약을 들은 아브라함이 창세기 17:18에서 뜬금없이 하나님에게 "이스마엘이나 하나님 앞에 살기를 원하나이다"고 하였다. 이에 대하여 하나님께서는 "아니라 네 아내 사라가 정녕 네게 아들을 낳으리니 너는 그 이름을 이삭이라 하라 내가 그와 내 언약을 세우리니 그의 후손에게 영원한 언약이 되리라"고 19절에서 말씀하셨다.

이스마엘은 아브라함과 하갈이 만들어 낸 50%의 유사품인 아들이었다. 쉽게 말하면 짝퉁이지 진품이 아니라는 것이다. 인본주의의 열매로 나타난 것이 이스마엘이었다.

진짜 같은 가짜로서 사단은 인간의 지혜를 활용하여 하나님의 역사를 훼방하고 있다. 이단은 기독교처럼 예수님으로 시작하는 것이 같지만 끝이 다르다. 끝이 다른 것이 이단인 것이다. 종교에는 인간의 생각이 들어가서는 안 된다. 세상에는 종교의 모습을 한 유사종교들이 많이 있다. 기독교에서 나온 이단, 사이비 종교가 바로 유사종교인 것이다. 비슷하지만 같은 기독교가 아닌 것이다.

3) 사라가 아브라함에게 낳은 아들 이삭 (창 21:2-3)

하나님께서 사라에게 아들을 허락하셨다. 하나님이 주시겠다고 하셨을 때 사라는 장막 뒤에서 숨어서 듣고 웃었다. "90살이나 된 내가 어떻게 아들을 낳을 수가 있다고……." 사라는 아이를 가질 수 없는 자신을 생각하고 웃었던 것이다.

그러나 아들을 낳고 보니 진짜 하나님이 주신 것이었다. 이삭은 낳을 수 없는 아브라함과 사라에게 하나님께서 오셔서 그들에게 주신 아들인 것이다.

사라가 낳은 아들 이삭은 예수 그리스도의 모형이다. 참된 종교는 아들이 있어야 한다. 아들이 있는 자는 구원이 있고 영생에 이르게 되는 것이다. 아들이 없는 자는 구원받지 못한다. 믿음은 예수 그리스도 안에서 사는 것이다. 우리는 그 아들 안에서 접붙임을 받은 가지이다.

종교는 내가 선택하는 것이 아니다. 신이신 하나님이 나를 찾아 오셔서 나를 선택하시고 간섭하시고 내 안에 아들을 주셔서 그로 인하여 구원에 이르게 하시는 것이 참된 종교인 것이다. 이것으로 종교를 구분해야 한다. 이렇게 볼 때 우리가 믿는 기독교가 온전한 종교요 확실한 종교인 것이다.

만일 내가 신을 마음대로 선택하고 그 신을 섬기기도 하고 버리기도 하고 할 수 있다면 나는 그런 신을 섬기지 않겠다. 왜 내가 마음대로 신을 선택할 수 있다면 나는 신보다 더 대단한 존재이기 때문이다.

신은 마음대로 선택하는 것이 아니다. 신이 우리에게 오셔서 우리로 하여금 믿게 하시므로 믿는 것이다. 그 신을 우리는 하나님이라고 부르고 있으며, 하나님께서는 자신을 우리에게 "나는 여호와, 곧 스스로 있는 자"라고 말씀하신다.

44. 신앙의 발전 단계

●○
"또 본즉 여호와께서 그 위에 서서 가라사대 나는 여호와니 너의 조부 아브라함의 하나님
이요 이삭의 하나님이라 너 누운 땅을 내가 너와 네 자손에게 주리니"(창 28:13)

아브라함은 신앙의 본보기로서 그의 가계를 통하여 우리의 믿음의
내역을 알 수 있다.

아브라함은 1단계의 신앙인 믿음을 보여 준다. 믿음은 예수 그리스
도를 하나님의 아들로 믿고 영접하는 것이다. 이 세상에 많은 종교가
있지만 아들이 있는 종교가 진짜인 것이다.

이삭은 2단계의 신앙인 참 신앙이 무엇인가를 보여 준다. 참된 신앙
은 순종이 있어야 된다는 것을 가르쳐 주고 있다. 순종은 하나님의 말
씀으로 말미암는 것이다. 야곱은 아버지의 말씀에 순종하여 아내를 얻
었고, 에서는 제 마음대로 아내를 얻은 것이 부모의 근심이었다.

야곱은 3단계의 신앙으로 성도의 축복을 보여 주고 있다. 이 축복을 받아야 진정한 복을 받았다고 할 수 있다. 삶을 구별하여 아버지로부터 도망하고, 라반으로부터 도망하고 얍복강에서 도망하여 벧엘로 올라감으로 구별된 삶을 살아 하나님의 복을 받는 성도가 되라.

요셉은 4단계의 신앙으로 성도의 성결 된 삶(성화)을 보여 준다. 성결은 거룩과 구별의 결과로 주어지는 열매로서 신앙은 비전을 품고 있어야 한다.

믿음은 순종을 통하여 그 진가가 드러나며, 하나님의 말씀에 순종할 때에 하나님의 축복의 역사가 나타난다. 축복받은 성도는 요셉처럼 나가서 선교하며 전해야 할 것을 보여 주고 있다.

우리가 신앙생활을 하다 보면 어떤 사람은 신앙이 별로 없는데도 잘되는 사람이 있다. 나는 그 사람보다도 배나 더 열심인데 더 힘들고 어려울 때가 있다. 대부분 그 내용을 알고 깊이 들어가 보면 이것은 나는 당대에 예수를 믿어 나를 위하여 기도해 준 사람이 없기 때문에 그만큼 힘든 것이고, 그 사람은 이 삼 대째 예수님을 믿는 가정에서 태어난 사람인 것이다. 이것을 보면 마치 신앙생활은 간척지를 메워 땅을 만들고 거기에다 벼농사를 지어 쌀을 만드는 것과 같다.

신앙의 1대는 바다를 메우기 위하여 돌을 갔다가 붓고,

신앙의 2대는 흙에 있는 염분기를 우려내고 씨를 뿌리고,

신앙의 3대는 열매를 거두어 먹게 되는 이치이다.

이것을 아브라함과 이삭과 야곱과 요셉의 삶을 통하여 보여 주고 있다. 내가 신앙의 1대라고 낙심하지 말라. 내가 믿음의 조상이 되어서 우리의 가정을 세워야 한다. 내가 씨를 뿌리지 아니하면 누구도 나를 위해서 씨를 뿌려 줄 사람이 없는 것이다. 내가 신앙의 1대가 되면 내 아이는 신앙의 2대가 될 것이요, 그 다음은 3대가 되는 것이다. 후손을 위하여 거룩한 희생을 하는 자만이 미래를 보는 것이다.

45. 성도가 바라볼 곳

●○

"야곱이 기럇아르바의 마므레로 가서 그 아비 이삭에게 이르렀으니 기럇아르바는 곧 아브라함과 이삭의 우거하던 헤브론이더라 이삭의 나이 일백팔십세라 이삭이 나이 많고 늙어 기운이 진하매 죽어 자기 열조에게로 돌아가니 그 아들 에서와 야곱이 그를 장사하였더라"(창 35:27-29)

아브라함의 아내 사라가 127세에 헤브론에서 죽었다. 사라의 죽음은 성도의 죽음을 예표론적으로 보여 주고 있다. 그러면 성도의 죽음은 어떠해야 하는가? 사라의 죽음을 통하여 살펴보고자 한다.

사라가 죽음으로 인하여 아브라함이 사라를 장사지내기 위하여 에브론의 밭을 사서 매장지를 삼았다. 이 밭은 천국의 모형으로 성도가 죽으면 천국에 갈 것을 보여 준다. 하나님의 아들 예수 그리스도를 믿다가 죽으면 천국에 가게 된다.

왜 에브론의 밭이 천국의 모형인가? 구약성경을 보면 구약의 조상들이 다 이곳에 매장이 되었으며 죽음을 앞두고 이곳을 바라보았다.

사라가 이곳에 묻혔으며(창 23:19), 아브라함이 이곳에 묻혔다(창 25:9). 이삭이 이곳에 묻혔으며(창 35:27-29), 리브가와 레아와 야곱이 이곳에 묻혔음(창 49:31)을 말하고 있다. 이들이 묻혔다고 천국의 모형이라고 할 수 있는가? 그것은 아니다.

민수기를 보면 도피성에 대한 이야기가 나온다. "너희가 줄 성읍 중에 여섯으로 도피성이 되게 하되 세 성읍은 요단 이편에서 주고 세 성읍은 가나안 땅에서 주어 도피성이 되게 하라 이 여섯 성읍은 이스라엘 자손과 타국인과 이스라엘 중에 우거하는 자의 도피성이 되리니 무릇 그릇 살인한 자가 그리로 도피할 수 있으리라"(민 35:13).

이 여섯 개의 도피성 가운데 여호수아 21장 13절을 보면 "제사장 아론 자손에게 준 것은 살인자의 도피성 헤브론과 그 들이요 또 립나와 그 들과"라고 함으로 헤브론이 도피성이 되었음을 보여 주고 있다.

이 도피성이 천국의 모형인 것이다. 따라서 구약의 족장들이 헤브론을 바라본 것은 신약의 성도들이 바라보는 천국과 같은 것이다. 마태복음 13장에 나타난 천국 비유에서 밭에 감추인 보화의 비유를 보라. 이 비유가 바로 에브론의 밭에 있는 막벨라 굴을 의미하고 있는 것이다.

따라서 아브라함이 산 헤브론의 막벨라 굴은 바로 천국을 보여 주고 있는 것이다. 성도란 모름지기 천국을 소망하며 살아야 한다. 이 천국은 믿음으로 가는 곳이다.

46. 이삭은 그리스도의 모형

●○

"하나님이 그에게 지시하신 곳에 이른지라 이에 아브라함이 그 곳에 단을 쌓고 나무를 벌여 놓고 그 아들 이삭을 결박하여 단 나무 위에 놓고"(창 22:9)

1) 이삭은 아브라함이 사랑하는 특별한 아들이었다. 아브라함에게 있어서 이삭은 독특한 아들이었다. 마찬가지로 예수 그리스도 또한 하나님에게 있어서 특별한 아들이요 독특한 아들이었다.

2) 사랑하는 아들 이삭을 모리아 땅에 있는 한 산에서 번제물로 바친 것은 곧 그리스도께서 우리의 죄를 위하여 이 땅에 오신 화목제물로 하나님 앞에 번제물로 바쳐진 것과 같은 이치다.

3) 나뭇짐을 지고 모리아산으로 올라가는 이삭의(창 22:2) 모습은 십자가를 지고 골고다 언덕을 오르시는 주님의 모습이다.

4) 아브라함이 아들 이삭을 묶어 단 나무위에 놓고 잡으려고 할 수 있었던 것은 죽기까지 순종하는 이삭의 자의적인 행동으로 말미암은 것이다. 예수 그리스도가 십자가에 오르신 것은 화목제물로 자의적인 순종에 의한 것이다.

5) 이삭이 죽지 않고 여호와 이레의 축복으로 수풀에 걸린 양을 번제로 드림으로 그의 제사가 성공한 것처럼 이 일을 통해서 보여 주는 것은 예수 그리스도의 승리의 부활을 보여 주고 있는 것이다.

6) 이삭이 죽어야 하는데 수양이 죽은 것은 우리가 죽어야 하는데 그리스도가 죽으심을 보여 주고 있다.

7) 수풀에 걸린 수양은 뿔이 수풀에 걸려서 도망가지를 못하고 그대로 있었다. 이 수풀에 걸린 수양은 머리에 가시 면류관을 쓰신 예수 그리스도를 보여 주고 있다. 이 그리스도의 희생으로 죄의 저주가 풀어진 것이다.

8) 추론하건대, 아브라함이 이삭을 번제물로 드릴 때의 이삭의 나이는 어느 정도인가? 아마도 그리스도와 같은 연배가 아닐까 생각한다. 창세기 23장 1절에서 사라의 나이가 127세이니 그때 이삭의 나이가

37살이다. 바로 전에서 이삭이 모리아산에서 하나님께 번제물로 바쳐진 사건이 언급됨으로 이 사건 후 몇 년이 지난 것으로 보인다. 따라서 33세 때에 이루어진 일이 아닌가 생각한다. 이것은 내 생각일 뿐이다. 이삭은 그리스도의 완전한 모형이기 때문이다.

9) 이삭이 삼일 길을 가서 모리아산에 올라갔다는 것은 예수 그리스도가 죽은 뒤 삼일만에 부활하실 것을 보여 주는 것이다. 왜냐하면 아브라함에게 하나님께서 이삭을 바치라고 한 순간 이미 이삭은 죽은 것이나 마찬가지이다. 그리고 나서 삼일 째 되는 날 이삭은 수풀에 걸린 수양으로 인하여 부활, 즉 죽었던 목숨이 다시 살아난 것이다.

47. 이삭이 보여주는 것은 무엇인가?

●○

"또 네 씨로 말미암아 천하 만민이 복을 얻으리니 이는 네가 나의 말을 준행하였음이니라 하셨다 하니라"(창 22:18)

이삭은 우리가 하나님 앞에서 순종해야 할 것을 보여 주고 있다.

1) 그 아버지에 그 아들

이삭은 어려서부터 순종하는 아들이었던 것 같다. 아브라함이 하나님의 말씀에 순종하며 살아온 것처럼, 이삭도 아버지 아브라함에게서 순종을 배우며 자랐던 것이다. 결국 그렇게 순종을 보고 자란 이삭은, 아버지 아브라함이 하나님의 말씀대로 자신을 바치기 위하여 집으로부터 삼일 길이나 되는 먼 길을 떠나 번제물로 바쳐지는 죽을 자리에까지 나아갔다.

장정인 아들이 도와 주지 않았다면 이삭을 바치는 일이 쉽지는 않았을 것이었다. 아버지가 하나님의 말씀에 순종하도록 아들 이삭이 아버지를 도와 주었다. 그 일이 쉬운 일은 아니었을 것이다. 그럼에도 이삭은 수긍하고 인정하였던 것이다.

이와 같이 자신의 생명을 철저하게 순종을 위하여 하나님께 드린 결과 그는 하나님으로부터 100배의 축복을 받게 되었다. 100배의 축복은 그냥 주어진 것이 아니었다. 목숨 걸고 순종한 결과였다. 또한 결혼에 있어서도 그의 의견보다는 아버지의 뜻대로 혼인이 이루어졌으나 그는 그대로 순종하여 리브가를 아내로 맞아들였다. 이와 같이 이삭의 삶 전체가 순종의 삶을 보여 주고 있다.

2) 좋은 믿음은 어떤 믿음인가?

"행함이 없는 믿음은 죽은 믿음이다"라고 말씀한 것처럼 오늘 우리의 믿음이 좋은 믿음인지 그렇지 않은지 어떻게 알 수 있는가?

성경을 보면 좋은 나무가 좋은 열매를 맺고, 나쁜 나무가 나쁜 열매를 맺는다고 말씀하고 있다. 그 열매를 보아서 그 나무를 알 수 있다는 것이다. 배나무에서 배가 열리고, 사과나무에서 사과가 열리고, 포도나무에서 포도가 열리듯 성령이 충만한 삶 속에서 순종하는 믿음, 좋은 믿음이 나타나게 된다.

이삭을 통해서 우리에게 주시는 말씀은 순종하는 믿음이 좋은 믿음이며, 순종할 때 하나님께서 복을 허락해 주신다는 것이다.

3) 이삭은 예수 그리스도의 모형이다.

이삭은 아브라함의 하나밖에 없는 독자로서 하나님께서 아브라함에게 "모리아 땅에 있는 한 산에서 번제물로 바치라"하심으로 삼일 길이나 되는 길을 아버지를 따라 나섰고, 번제를 드릴 나무를 지고 산에 오르게 된다. 그는 희생제물로 하나님께 바쳐졌으나 하나님의 은혜로 살아났다. 이 모든 사실은 순종의 제물로서 죽기까지 순종한 예수 그리스도를 모형론적으로 보여 준다.

예수님을 보면 하나님의 하나밖에 없는 아들이시다. 예수님은 하나님의 뜻에 절대적으로 순종하여 나무 십자가를 지시고 갈보리 언덕을 오르시며 죄인들을 위하여 자신을 희생제물로 드리셨던 것이다. 그 갈보리의 속죄로 말미암아 우리가 하나님과 하나가 되었으며, 화목케 되었다.

이삭은 약속의 씨로 순종을 보여 준다.

우리가 믿음이 있는지 없는지는 무엇으로 알 수 있는가? 그 사람의 순종의 상태를 보고 믿음을 확인하게 되는 것이다. 야고보 사도는 말하기를 "행함이 없는 믿음은 죽은 믿음"이라고 하였다. 즉 순종하는 믿음을 산 믿음이라 할 수 있는 것이다.

* 순종할 때 축복이 오는데 이 축복을 야곱이 보여 주고 있다. 축복을 원하는가? 순종하시오. 하나님 말씀대로 순종하며 살아야 하나님이 주시는 축복을 받아 누릴 수 있다.

48. 에서와 야곱의 차이점

●○
"기록된 바 내가 야곱은 사랑하고 에서는 미워하였다 하심과 같으니라"(롬 9:13)

에서와 야곱은 이삭과 리브가의 아들로서 둘의 성격은 달랐다. 뿐만 아니라 에서는 이삭의 사랑 안에서 성장을 하였으며, 야곱은 어머니의 사랑을 받고 자랐다. 에서는 성격이 외향적이며 사내답고 건강하며, 활동적이었으나 야곱은 여성적이며, 가정적이고 소심한 성격의 소유자였다.

야곱은 영적인 복에 대하여 관심이 많은 반면, 에서는 그렇지가 않았다. 들에 나가기만 하면 사냥감이 있는데다가 별로 아쉬운 것이 없었기 때문이었다. 그는 물질에 대한 욕심이 야곱보다 더 강하였다. 반면에 영적인 축복은 야곱이 꿈꾸는 이상이었다.

어느 날 들에서 돌아온 에서가 배가 몹시 고팠다. 마침 부엌에서 팥죽을 쑤고 있는 야곱에게 팥죽을 한 그릇만 달라고 하였더니 야곱이 대뜸 한다는 말이 "형의 장자의 명분을 팔라"는 것이었다. 대수롭지 않게 에서는 "그래 가져가라 장자의 명분이 무슨 대수냐? 당장 배가 고픈데" 하고 장자의 명분을 주저하지 않고 주었다.

그리고 훗날 얍복강을 지난 야곱에게 형 에서가 오고 있다는 소식을 듣고 자기의 소유를 네 떼로 나누어서 형의 몫을 지어서 주었다. 이 일들을 통하여 물질은 주어도 영적인 복은 끝까지 포기하지 않았던 야곱의 지혜를 볼 수 있다.

에서는 육의 사람으로 땅의 것에 가치를 두고 살았다. 그러나 야곱은 영의 사람으로 하늘의 것에 가치를 두고 살았다. 에서는 물질에 가치를 두고 살았으며, 명분보다는 실리를 추구하는 사람이었다. 그러나 야곱은 물질보다는 하나님의 축복에 가치를 두고 살았으며, 실리보다는 명분을 중요하게 여기는 사람이었다.

에서는 힘이 세고 능력이 있어서 자신의 노력만으로도 부족함이 없는 삶을 살 수 있었다. 그래서 그는 누군가의 도움이 없어도 살 수 있다고 자부하던 사람이었다. 그러나 야곱은 약하고 재능도 없어 누군가가 그를 도와 주지 않으면 살 수 없는 나약한 존재였다. 그래서 그는 하나님의 도우심을 구하며 살 수밖에 없었다.

"내 영혼아 네가 어찌하여 낙망하며 어찌하여 내 속에서 불안하여 하는고 너는 하나님을 바라라 그 얼굴의 도우심을 인하여 내가 오히려 찬송하리로다"(시 42:5, 11, 시43:5)

49. 야곱의 일생 (하나님의 축복을 받아야 산다)

●○

"야곱이 바로에게 고하되 내 나그네 길의 세월이 일백삼십 년이니이다 나의 연세가 얼마
못되니 우리 조상의 나그네 길의 세월에 미치지 못하나 험악한 세월을 보내었나이다 하고"
(창 47:9)

야곱은 태어나기 전부터 하나님의 약속을 받은 자였다. "여호와께
서 그에게 이르시되 두 국민이 네 태중에 있구나 두 민족이 네 복중에
서부터 나누이리라 이 족속이 저 족속보다 강하겠고 큰 자는 어린 자
를 섬기리라 하셨더라"(창 25:23)고 하였다.

또한 야곱은 태어날 때에 형 에서의 발뒤꿈치를 붙잡고 나올 정도
로 욕심이 대단했던 것을 볼 수 있다. 이와 같이 야곱은 축복에 대한
욕심이 많았다. 대가를 지불하려고 하지 않고 축복에 대한 관심만 많
은 사람인 것 같다.

쌍둥이가 태어나자 이삭은 큰 아들을 사랑하였으며, 작은 아들은
리브가의 사랑 속에서 자라났다.

어느 날 에서가 사냥에서 돌아왔을 때 야곱은 부엌에서 붉은 죽을

쑤고 있었다. 그것을 본 에서가 죽을 한 그릇 달라고 요구하자 야곱은 형의 장자의 명분을 달라고 하였다. 에서는 대수롭지 않게 가져가라고 하고 죽 한 그릇을 얻어먹었다.

이 모든 것을 에서가 잊어버리고 살던 어느 날 아버지가 에서에게 죽기 전에 복을 빌어 줄 테니 짐승을 사냥하여 요리를 해 가지고 들어오라고 하였다.

이 이야기를 리브가가 듣고 야곱에게 "좋은 염소 새끼를 잡아오면 내가 요리를 해 줄 테니 아버지께 들어가서 축복을 받으라"고 하여 그대로 하여 복을 받아 낸다.

야곱은 하나님의 약속이 있었지만 자신의 노력으로 그것을 이루었다. 하나님의 약속의 때를 기다리지 못하였다. 결국 아버지로부터 축복은 받았지만 집에서 도망쳐야 하는 신세가 되고 말았다. 축복을 빼앗긴 에서가 화가 나서 야곱을 죽이려 하자 에서로부터 아들을 살리고자 이삭이 야곱을 외삼촌 라반의 집으로 가 있으라고 하였던 것이다. 야곱이 에서의 시야로부터 피하기 위하여 그는 외삼촌 집을 향하여 출발을 하였다.

야곱이 벧엘에 이르렀을 때 피곤하여 돌베개를 베고 잠을 자다가 꿈을 꾸었다. 하늘이 열리며 사닥다리가 땅에 섰는데 하늘에 닿아 있었다. 그 사닥다리로 천사들이 오르락 내리락하는 꿈을 꾼 것이다. 그리고 잠에서 깨어난 야곱은 "어! 여기도 하나님이 계시네" 라고 생각했다.

그리고 하나님께 서원하며 기도하기를 "하나님께서 나의 가는 길을 지켜 주시고 안전하게 돌아오게 하시면 하나님이 나의 하나님이 되실 것이며 십일조를 드리며 이곳에 제단을 쌓겠습니다" 라고 했다.

야곱은 하나님의 은혜로 외삼촌 집에 가서 20년을 살면서 결혼도 하고 자식도 낳고 살았다. 하나님께서 네 조상의 땅으로 돌아가라 하심으로 라반이 모르게 도망쳐서 나왔다. 그러나 라반의 끈질긴 추격으로 위기를 만났으나 하나님의 도우심으로 라반으로부터 보호를 받게 되었다.

그러나, 얼마가지 않아 에서가 사백 명의 용사들을 데리고 온다는 소식을 듣고 얍복강가에서 밤이 맞도록 기도하였다. 환도 뼈가 위골이 되도록 기도한 결과 형 에서의 위험으로부터도 보호를 받았다.

그랬으면 벧엘에서 하나님께 약속한 것을 지켜야 하는데, 세겜에서 자기를 위하여 집을 짓고 짐승을 위하여 우릿간을 짓고 아예 정착하려고 하였던 것 같다. 세겜 추장이 야곱의 딸 디나를 연모하여 강간하는 사건이 일어났다. 이 일로 야곱의 아들들이 통혼을 빌미로 세겜 사람들에게 할례를 시행토록 하고 가장 힘들 때에 그들을 칼로 도륙하였던 것이다. 그 때에 하나님께서 야곱에게 나타나셔서 벧엘로 올라가서 서원을 갚으라고 하심을 기억하고 벧엘에 올라가 서원을 이행하였다.

이것이 약식으로 본 야곱의 일생이다. 이것은 성도의 성화의 과정을 보여 주고 있는 것이다. 욕심쟁이이며, 거짓말쟁이이며, 사기꾼적인 기질이 있던 야곱이 여러 과정을 통하여 인격과 생활이 변하여 가는 과정을 보여 주고 있다. 뿌린 대로 거두게 하시는 하나님이심을 외삼촌 라반의 집에서 철저하게 깨닫게 되었다. 벧엘에서 만난 하나님께서 야곱이 가는 곳마다 축복하심으로 복을 받아 누리게 하셨다.

야곱의 복은 아브라함에게 말씀하신 근원의 복이었다. 야곱이 손을 대는 것마다 하나님이 함께 하심으로 범사가 형통하게 되었다. 야곱은 약간의 실수는 있었지만 믿음의 가문을 일으킨 하나님의 사람이었다.

우리도 믿음의 가문을 만들어야 한다. 비전을 심고 가꾸는 성도가 되어야 한다. 개울의 징검다리가 건너는 사람에게 편리함을 주듯이 우리가 징검다리가 되어 저들이 나를 밟고 건너도록 하여야 한다.

50. 야곱의 변화

●○
"야곱이 잠이 깨어 가로되 여호와께서 과연 여기 계시거늘 내가 알지 못하였도다"(창 28:16)

1) 브엘세바에서의 야곱 - 약속을 붙잡음

야곱은 속이는 자, 욕심쟁이였다. 형을 속이고 아버지를 속인 그런 사람이었다. 그러나 이런 야곱에게 하나님의 약속이 있었다. 하나님의 약속은 끝까지 사람을 만드시고 만드신 사람을 통하여 약속을 이루어 주신다.

2) 벧엘에서의 체험 - 하나님을 만남

야곱이 형의 얼굴을 피하여 외삼촌 집으로 가기 위하여 도망가던 때에, 피곤하여 들판에서 돌을 베고 잠을 자던 벧엘에서 꾼 꿈으로 인하여 야곱의 하나님에 대한 인식이 달라졌다. 하나님을 만남으로 인하여 미래를 열어감에 자신감이 생기게 되었다.

3) 외삼촌 집에서 – 하나님의 축복을 받음

영광은 그냥 오는 것이 아니다. 고난 뒤에 오는 것으로 야곱은 20년 간의 외삼촌 집에서 종 아닌 종이 되어 그의 기업을 이룸에 있어서 하나님의 전적인 도우심이 있었다. 그것은 서원함에 대한 하나님의 응답인 것이다.

4) 라반의 집을 떠나는 야곱 (창 31:3)

"여호와께서 야곱에게 이르시되 네 조상의 땅, 네 족속에게로 돌아가라 내가 너와 함께 있으리라 하신지라"(창 31 : 3).

이 말씀대로 야곱은 라반의 집에서 도망쳐 나왔다.

외삼촌인데 왜 도망을 치게 되었는가? 영적으로 보면 라반은 외삼촌이 아니라 사단의 모형이다. 그래서 라반은 야곱을 이용할 대로 이용해 먹고 처치하려고 생각할 정도로 나쁜 사람이었다.

야곱이 몰래 도망친 사실을 삼일 뒤에 알았다. 그때부터 라반이 추격하여 일주일 만에 야곱을 만나게 되었다. 만나자마자 하는 말이 "너 하나님 아니었으면 내가 죽여 버렸을 것이다. 만일 하나님이 나에게 오시지만 않았어도 너는 죽었을 것이다. 너 운 좋은 줄 알아라." 하는 것이었다.

이처럼 우리가 사단을 떠나서 하나님을 섬길 때에 사단은 쉽게 우리를 포기하지 못한다. 사단은 끝까지 추격하여 우리를 자신의 종으로 만들려고 한다. 그러나 마귀는 경계의 대상이지 공포의 대상이 아니다. 믿음으로 이겨야 한다.

야곱은 실수가 많은 사람이었으나 하나님만 바라보고 살았다. 환경을 극복하는 성도가 되라.

5) 얍복강가에서 기도 – 야곱이 이스라엘이 됨

마치 홍해 앞의 이스라엘과 같은 상황이 야곱에게 닥쳤다. 뒤로 후퇴하여 – 라반과의 언약으로 돌무더기를 넘어서 – 외삼촌에게로 가면 외삼촌이 야곱을 죽일 것이고, 앞으로 가면 형 에서가 사백인의 용사들을 데리고 야곱을 잡으려고 오고 있으니 이래도 죽고, 저래도 죽을 수밖에 없는 진퇴양난의 상황이었다. 그러나 기도로 하나님을 의지하고 앞으로 나아감으로 위기를 극복하게 되었다.

6) 세겜에서의 야곱 – 야곱의 실패

때로는 신앙의 실패가 결정적일 수 있다. 디나 사건은 하나님께서 라반의 집에서 고향으로 가라고 하실 때 분명히 서원을 갚으라고 하셨는데 이것을 지키지 아니함으로 인한 불상사였다. "나는 벧엘 하나님이라 네가 거기서 기둥에 기름을 붓고 거기서 내게 서원하였으니 지금 일어나 이곳을 떠나서 네 출생지로 돌아가라 하셨느니라"(창 31 : 13)고 하심으로 서원을 갚기를 원하신 하나님 이었다. 야곱에게 먼저 서원하라고 하신 것이 아니라 자기가 자발적으로 서원을 해 놓고 잊어버린 것이다.

결국 이 일로 인하여 사랑하는 딸이 세겜 추장에게 강간을 당하게 되었다. 부모의 신앙이 자녀에게 영향을 미친다. 야곱은 진노의 하나님, 심판의 하나님을 몰랐다. 이제부터라도 자녀를 위하여 심어야 한다.

나 하나의 신앙이 매우 중요하다. 내 영이 살면 남도 살고, 내 영이 죽으면 남도 죽는다. 우리도 만일 하나님 앞에 서원한 것이 있다면 먼저 이행하여야 한다. 서원을 갚을 수 있는 형편인데도 차일피일 미루기만 한다면 야곱과 같은 상황이 올 수도 있다. 항상 자신을 돌아볼 수 있는 성도가 되어야 한다.

7) 벧엘로 올라간 야곱 - 성화에 이르는 삶

실패는 깨닫게 되는 기회가 된다. 그러나 깨닫지 못하였다. 딸을 통해서 깨닫지 못하니 아들들의 대 살육이 일어났다. 대신관계가 불통이면 대인관계도 불통한다.

하나님께서 야곱에게 벧엘로 올라가라고 하셨다. 야곱은 그에게 이르신 대로 모든 우상을 땅에 묻고 벧엘로 올라갔다. 그리고 하나님께 서원한대로 모든 것을 다 이행하였다. 그 후 그의 이름이 완전히 '이스라엘'로 바뀌게 되었다. 완전한 성화에 이르게 된 것이다. 약속은 누구에게나 있다. 그러나 약속의 성취는 그들 가운데 단지 몇 사람에게만 주어진다. 약속이 끝이 아니다. 성취하여 열매 맺는 성도가 되라.

51. 야곱의 성화

●○

"그들이 애굽에서 가져온 곡식을 다 먹으매 그 아비가 그들에게 이르되 다시 가서 우리를 위하여 양식을 조금 사라"(창 43:2)

많은 고난을 통하여 노년기에 이르러서야 야곱의 인격은 성화되고 신앙은 크게 심화된 것을 우리는 성경에서 찾아볼 수 있다.

1) 노년기의 야곱에게서는 우선 탐심이 없어진 것을 볼 수 있다

창세기 30장 37절에서 43절을 보면 야곱은 탐심이 많은 사람이었다. 외삼촌 집에서 자기의 소유를 늘리기 위하여 그는 갖은 방법을 다 동원하여 자기의 소유를 늘려갔던 것이다. 짧은 시간 안에 자기의 소유를 라반의 소유와 육안으로도 차이날 정도로 불려 놓았기에 라반이 열 번이나 약속을 변역한 것이었다. 이처럼 야곱의 욕심은 끝이 없었다.

그러나 창세기 43장 1-2절에서 야곱은 큰 기근으로 애굽에서 한 번 양식을 사다가 먹고 이번에 두 번째로 아들들을 애굽으로 보내어 양식을 사오게 하는데 이런 큰 기근 중에도 아들들에게 양식을 조금만 사오라는 것이었다.

여기서 조금은 적은 양식을 말한다. 야곱의 식구만 해도 70명인데도 양식에 대하여 욕심을 부리지 않았다. 이것은 야곱의 욕심이 많이 없어진 것을 보여 주는 것이다.

2) 하나님의 섭리를 의지하는 그의 믿음이 깊어졌다 (창 43:14)

애굽 총리 요셉이 "막내 베냐민을 데리고 오지 않으면 나를 볼 생각을 하지 말라"고 했기 때문에 베냐민과 함께 애굽에 가야 한다고 유다는 말한다. 그 때 야곱은 베냐민을 함께 보내면서 "전능하신 하나님께서 그 사람 앞에서 너희에게 은혜를 베푸사 그 사람으로 너희 다른 형제와 베냐민을 돌려보내게 하시기를 원하노라 내가 자식을 잃게 되면 잃으리로다"라고 하였다. 이것은 여호와 이레의 신앙(창 22:8-14)을 보여 주는 것이다. 전능하신 하나님 곧 엘샤다이의 언약에 대한 확실한 신앙을 고백하고 있다.

3) 노년기의 야곱은 아브라함과 같이 먼저 하나님 앞에 제단을 쌓는 족장이 되었다.

요셉의 생존 소식을 듣고 난 후 창세기 45:28-46:1에서 야곱은 애굽으로 가기 전에 브엘세바에서 그의 아비 이삭의 하나님께 희생을 드렸다. 그 밤에 하나님께서 야곱에게 애굽으로 내려가는 것을 두려워하지 말라고 하시면서 애굽에서 야곱이 큰 민족을 이룰 것과 하나님께서 함께 내려가시고 함께 올라오겠다고 약속하셨다.

4) 노년기의 야곱은 육신의 눈은 어두웠으나 그의 심령의 눈은 밝았다.

창세기 48장 10절을 보면 야곱은 육신의 눈이 어두웠다. 그러나 이삭과 같이 실수하지 않았다. 창세기 48:17-18을 보면, 요셉의 두 아들을 축복하는 장면이 나온다. 그리고 야곱의 영안이 밝아서 큰 손자와 작은 손자를 구별하여 오른 손을 차자에게 왼손을 장자에게 어긋나게 하여 안수하는 것을 보게 된다.

5) 노년기의 야곱은 위대한 선지자였다 (창 49:1)

야곱은 말년에 자녀들을 모아놓고 그들에게 후일에 당할 일을 예언하여 주고 있다. 이것은 자녀들 하나하나의 미래를 예언하는 것으로 그들의 되어질 미래와 하나님께서 주실 축복을 예언해 주고 있는 것이다(49:18).

6) 노년기의 야곱은 하나님 나라의 영광을 심히 사모한 사람이었다.

창세기 49:29-33을 보면 몸은 비록 애굽에서 살다가 죽지만 아버지가 묻힌 가나안 땅 헤브론에 있는 마므레 앞 막벨라 밭에 있는 굴에 장사되기를 원했다.

"그가 그들에게 명하여 가로되 내가 내 열조에게로 돌아가리니 나를 헷 사람 에브론의 밭에 있는 굴에 우리 부여조와 함께 장사하라 이 굴은 가나안 땅 마므레 앞 막벨라 밭에 있는 것이라 아브라함이 헷 사람 에브론에게서 밭과 함께 사서 그 소유 매장지를 삼았으므로 아브라함과 그 아내 사라가 거기 장사되었고 이삭과 그 아내 리브가도 거기 장사되었으며 나도 레아를 그 곳에 장사하였노라 이 밭과 거기 있는 굴은 헷 사람에게서 산 것이니라 야곱이 아들에게 명하기를 마치고 그 발을 침상에 거두고 기운이 진하여 그 열조에게로 돌아갔더라"(창 49:29-33)

야곱이 애굽에서 죽음으로 요셉이 아버지의 장례를 성대하게 치루었으며 아버지의 유언대로 가나안 땅으로 메어다가 마므레 앞 막벨라 밭 굴에 장사지냈다.

이로써 열두 방백을 낳은 야곱이 인생역정을 마친 것이다. 야곱의 일생을 보면 그가 당한 환난이 그를 성화에 이르게 하였음을 알 수 있다.

52. 요셉이 보여 주는 것은 무엇인가?

●○

"당신들이 나를 이곳에 팔았으므로 근심하지 마소서 한탄하지 마소서 하나님이 생명을 구원하시려고 나를 당신들 앞서 보내셨나이다"(창 45:5)

하나님의 축복을 받았으면 나가서 증거하라. 요셉은 성도의 성화의 한 단면을 보여 주고 있다.

1) 요셉은 꿈이 많은 사람이었다.

요셉은 야곱의 아들로서 축복을 받은 이후의 모습을 보여 주고 있다. 축복을 받았다고 모든 것이 끝나는 것은 아니다. 받은 바 축복을 잘 간수해야 하는데 요셉이 그것을 보여 주고 있다.

요셉은 꿈이 많은 소년이었다. 그는 아버지로부터 특별한 사랑을 받았으며, 많은 형제들 가운데 아버지의 사랑을 독차지하므로 형들의 미움을 받았다.

어느 날 하나님이 요셉에게 꿈을 보여 주셨는데 그 꿈은 예사 꿈이 아니었다. 형들로부터 절을 받는 꿈이었다. 또 다시 요셉이 꿈을 꾸었는데 이번에는 부모님까지도 요셉에게 절하는 꿈을 꾸었던 것이다. 결국 이 꿈으로 인하여 요셉은 형들에게 더 큰 미움을 사게 되었다.

형제라 할지라도 성령의 역사가 있는 사람과 그렇지 못한 사람은 근본적으로 어울릴 수 없다. 왜냐하면 영적으로 맞지 않기 때문이다. 따라서 요셉은 형들의 미움으로 죽음 직전에서 구출되어 애굽에 내려가게 되었다.

여기에는 하나님의 오묘하신 뜻이 있었던 것이다. 형들이 하는 말 가운데 "꿈꾸는 자가 오는도다 자 그를 죽여 한 구덩이에 던지고 우리가 말하기를 악한 짐승이 그를 잡아먹었다 하자 그 꿈이 어떻게 되는 것을 우리가 볼 것이니라 하는지라"(창 37 : 19-20)라고 하였다. 여기서 "그 꿈이 어떻게 되는 것을 보자" 한 말 때문에 하나님께서 요셉을 애굽으로 보내신 것이다.

요셉이 비록 형들에 의하여 팔려 갔지만 그것은 요셉의 말대로 하나님께서 그를 통하여 이스라엘을 구원하기 위한 하나님의 계획이었으며, 또한 요셉을 통하여 하나님의 실체를 애굽에 알리고자 하셨던 것이다.

2) 꿈을 주시고 꿈을 이루어 주시는 하나님

요셉이 꾼 꿈은 개꿈이 아니었다. 분명히 하나님께서 요셉에게 주신 꿈이었다. 그 꿈을 붙잡고 놓지 않는 요셉을 위하여 하나님께서는 요셉으로 하여금 그 꿈을 이룰 수 있는 애굽으로 보내셨다.

애굽은 꿈이 이루어지는 장소로서 이것은 세상이 성도들의 꿈을 이루어 주는 장소라는 것을 보여 주고 있다. 요셉이 꾼 꿈은 요셉의 꿈만이 아니었다. 요셉의 꿈은 절 받는 꿈으로서 하나님의 능력, 곧 하나님의 크신 권능을 보여 주고 있는 것이다.

하나님께서 아브라함에게 창세기 15장 13절에서 14절에 말씀하신 "이스라엘이 이방의 객으로 있다가 사대 만에 나올 것이다"라는 말씀을 요셉의 꿈을 통하여 이루시기 원하셨다. 또한 애굽에도 역사하시는 하나님이심을 보여 주어 그들로 하여금 하나님 앞에 무릎을 꿇게 하시려는 뜻도 들어 있는 것이다.

아무튼 요셉은 이방나라 애굽에 하나님을 증거하는 복음 전파자로 파송된 것이다. 그는 애굽에서 살아 계신 하나님을 증거해야만 하는 것이다. 그렇게 되기까지 요셉은 보디발의 집에서 종으로서 살아야 했으며, 보디발의 아내의 모함으로 옥살이까지 해야만 했다.

이것은 하나님의 일을 맡은, 그리고 꿈을 가진 사명자들을 사단은 절대로 그냥 두지 않는다는 것을 보여 준다. 그러나 하나님께서 사단으로 하여금 언제까지 요셉을 괴롭힐 수 있도록 허용하셨는가? 그것은 요셉이 30세가 되는 때까지만이었다. 애굽에서 관직에 등용될 수 있는 나이가 30세이었기 때문이다. 그 때가 바로 하나님이 요셉에게 역사하시는 때였다. 하나님의 때를 기다리라. 반드시 역사하신다. 참고 인내하면 그날은 반드시 올 것이다.

요셉의 꿈은 절 받는 꿈이었다. 그 꿈을 이루게 하기 위하여 요셉을 미워하는 형들에 의하여 팔려갔다. 다시 가나안으로 오지 못하도록 요셉의 형들을 사용하시어 하나님의 뜻을 이루어 나가시는 것을 우리는 본다. 만일 다른 좋은 조건 속에서 그가 잠시 떠났다면 다시 돌아 올 수도 있었을 것이다.

그러나 이제는 집에 돌아간들 반겨 줄 사람도 없고 다시 돌아갔다가는 형들에게 어떻게 될지도 모르는 상황에서 그는 현재 자기에게 주어진 환경에 적응하는 방법밖에는 없었다.

하나님이 요셉에게 주신 꿈을 이루기 위하여 하나님께서는 가나안에 있던 요셉을 애굽으로 옮기셨다. 당시에 이스라엘에는 왕이 없었다. 그래서 하나님은 왕이 있는 애굽으로 요셉을 불러내셔서 그로 하여금 애굽의 제 2인자가 되게 하시고 요셉으로 하여금 절을 받도록 하셨던 것이다. 하나님은 요셉의 형들을 들어서 쓰신 것이다.

결국 요셉의 형들도 기근을 넘기기 위하여 애굽에 양식을 사러 왔다가 동생 요셉이 애굽의 총리인 줄 모르고 넓죽 절하고 양식을 달라고 하였다. 이제 그의 꿈이 다 이루어진 것이다.

3) 어떤 것이 형통함인가?

"여호와께서 요셉과 함께 하시므로 그가 형통한 자가 되어 그 주인 애굽 사람의 집에 있으니 그 주인이 여호와께서 그와 함께 하심을 보며 또 여호와께서 그의 범사에 형통케 하심을 보았더라"(창 39:2-3). 이같은 표현은 요셉의 생애에서 계속 등장하고 있다.

창세기 39:23에서도 "전옥은 그의 손에 맡긴 것을 무엇이든지 돌아보지 아니하였으니 이는 여호와께서 요셉과 함께 하심이라 여호와께서 그의 범사에 형통케 하셨더라"고 하였다.

이 두 상황을 보면 하나는 애굽의 바로의 신하인 시위대장 보디발의 집에서 종살이 할 때를 말하는 것이고, 또 하나는 보디발의 아내의 모함을 받아 억울한 옥살이를 할 때를 말하고 있는 것이다. 어떻게 종살이를 하는 것이 형통함이며, 옥살이를 하는 것이 형통함인가? 그러나 성경은 이 두 상황을 다 형통하였다고 말씀해 주고 있다.

그러면 진정한 형통은 무엇인가? 하나님이 함께 하시는 것이 바로 형통함이라는 것이다. 막혔던 문제가 해결되고, 병든 자가 낫고, 실패한 자가 성공하는 것이 우리가 생각하는 형통이라고 생각하지만 그렇지 않다. 하나님이 함께 하시는 것이 형통이다. 하나님이 함께 하시는 성도가 되라.

4) 요셉의 사명

요셉이 절을 받았다고 해서 모든 것이 끝난 것이 아니었다. 요셉이 절을 받음으로 해서 애굽을 책임지고, 이스라엘의 온 가정을 책임지는 사람이 되었던 것이다.

그가 애굽의 제 2인자로서 그의 모든 생각은 바로에 의하여 수용되어졌고, 바로가 용납하는 범위 안에서 그가 일할 수 있었다. 일하는 데 바로로부터 제약을 받은 것은 없었다. 요셉이 하는 모든 일을 바로가 용납하였기 때문이다. 즉 바로가 감당할 수 없는 사람이 요셉이었다. 하나님이 그와 함께 하며 어느 것 하나도 부족함이 없이 일을 잘 처리하고 있었기 때문이었다.

하나님의 뜻대로 살면서 하나님이 주시는 꿈을 갖고 사는 사람은 세상이 감당하지 못한다. 요셉은 청렴결백하였으며, 신실하며, 경건함을 갖춘 사람으로 바로가 인정하는 사람이었다. 즉 애굽에 하나님이 어떤 분이시라는 것을 전한 사람이었다. 오늘 우리도 우리가 믿는 하나님을 세상에 전해야 하겠다.

요셉은 자신만 구별된 것이 아니라 그의 가정도 구별시킨 사람이다. 바로에게 나갈 때, 그의 부친에게 고센 땅을 줄 것을 요구하게 하였다. 고센 땅은 구별된 땅으로 하나님의 재앙이 무엇인지 전혀 몰랐던 지역이었다. 고센은 하나님의 역사가 있는 땅으로서, 그 땅에 이스라엘이 정착할 수 있도록 요셉이 귀띔을 해 준 것이다. 애굽에 하나님의 10가지 재앙이 임할 때 이스라엘은 전혀 몰랐고 단지 소문을 통해서 알았을 뿐이었다.

요셉이 받은 사명을 굳이 따진다고 하면, 요셉은 성도로서 가뭄과 기근으로부터 가정을 구원하는 일과 모든 애굽 사람들에게 살아 계신 하나님을 알리는 것이 그의 중요한 사명이었다. 우리도 세상에 나아가 하나님의 살아 계심을 증거하고 많은 사람을 주께로 돌아오도록 복음 전파에 힘써야 한다. 그리고 나름대로 받은 바 하나님의 은혜를 증거하는 삶이 되어야 한다.

맺 는 말

나는 본서에서 창세기에 나타난 하나님의 마음을 읽어 내려고 애를 썼다. 모형론적인 입장에서 기독론적인 모습들을 찾아내려고 하였다. 이것들이 얼마나 제대로 표현되었는지 모르겠다. 부족한 것이 있다면 그것은 나의 지식의 부족에 기인한 것이다. 여러분들이 더 채울 수 있기를 바란다.

성경은 다양성과 통일성 그리고 점진성을 가지고 있다. 분량이 엄청난 책임에도 불구하고, 1,600년 동안에 이루어진 책임에도 불구하고, 내용들이 하나의 주제로도 그리고 여러 개의 주제로도 표현되며, 처음에는 희미한 사건들이 점차 분명해지는 독특함마저 가지고 있는 특별한 책이다. 성경을 읽으면 읽을수록 깊이와 넓이가 더해지는 책이다.

농사짓는 분이 나에게 하신 말씀이 생각이 난다. 논을 가는 방법은 사람이 삽질을 해서 논바닥을 뒤집는 것과 경운기로 논바닥을 뒤집는 것, 그리고 소에 쟁기를 얹어서 논을 가는 것이 있다고 한다. 그런데 소가 가는 것이 제일 깊숙이 갈려서 안에 있는 해충이 다 나오는데 경운기로 갈면 땅이 얇게 뒤집어진다는 것이다. 그래서 깊이 있는 해충은 나오지도 못한다는 것이었다.

사람이 삽질하는 것은 두말할 것도 없다는 것이다. 말씀을 연구할 때도 마찬가지이다. 겉 보는 것과 속을 보는 것과의 내용은 천지 차이다. 본서를 통하여 우리 모두 송이 꿀과 같은 말씀의 비밀을 캐는 농부들이 되는 데 도움이 되기를 바란다.

【부 록】

성경의 흐름

구약의 흐름

1. 창조 – 바벨탑 사건 = 하나님의 계획, 하나님의 뜻.

'창조에서 바벨탑 사건' 까지를 통하여 하나님은 하나님께서 앞으로 하실 일들을 보여 주고 계신다. 하나님께서 창조하신 세상 만물들이 인간의 타락과 함께 사단의 소유가 되었다. 사단의 소유가 된 세상과 인류를 구원하기 위한 하나님의 역사가 성경의 역사이다.

이 성경을 자세히 살펴보면 각 사건 속에 하나님의 의도와 역사하심이 숨겨져 있는 것을 보게 된다. 하나님께서는 아담과 하와의 선악과 범죄로 인하여 타락한 인간들을 종말에 아들 예수 그리스도를 통하여 저들의 죄에서 구원함으로써 하나님의 계획이 완성된다.

그렇게 되기 전까지 제사를 통하여 하나님 앞에 나오도록 허락하셨다. 죄인인 인간이 하나님 앞에 나아가는 유일한 길은 제사를 통해서이다. 이것을 가인과 아벨의 제사를 통하여 가르쳐 주고 있다. 아벨의 제사는 성공적 제사이며, 가인의 제사는 실패한 제사이다. 즉 하나님께서 정하신 법대로 제사를 드려야지 사람의 생각대로 드려서는 안 되는 것이다.

셋을 통하여 예수 그리스도의 부활을 보여 주며, 구속의 완성을 그림자로 보여 주신다.

구원받은 하나님의 사람들이 어떻게 신앙생활을 해야 하는가를 노아를 통하여 보여 주고 있다. 하나님은 노아에게 "너는 너를 위하여 잣나무로 방주를 짓되" 이것처럼 신앙생활은 그 누구를 위한 것도 아닌 나 자신을 위한 것이다. 날마다 방주 짓는 생활을 하라. 나를 위해서 하나님은 나를 구속하신다.

결국 창조로부터 바벨탑 사건을 통해서는 인류가 타락했지만 제사를 통하여 인간을 부르시고 부르신 그들을 통하여 하나님의 계획을 이루시고자 했지만 죄 아래 사는 인간들은 도모하는 행사마다 악하였다. 노아 시대의 홍수심판을 통하여 하나님께서 경고하셨지만 노아 후대 사람들 역시 하나님을 떠나 그들의 삶을 추구하는 것을 보시고 사람은 역시 별수없다고 판단하시고 이때로부터 인류구원에 관하여 백성을 직접 부르시고 간섭하시고 역사하셔서 하나님의 구속을 이루어 가시는 부르심의 은총을 보여 주신다.

2. 아브라함 - 요셉

성도의 신앙의 발전사를 보여 준다.

1) 아브라함은 믿음이란 무엇인가를 보여 준다.

믿음이란 나를 버리고 하나님의 말씀대로 순종하는 삶을 말한다. 아브라함이 처음부터 믿음이 있었던 것이 아니다. 그것은 아브라함의 아버지 데라가 우상을 만들던 사람인 것을 통하여 알 수 있다. 믿음이 없던 아브라함이 하나님의 말씀을 쫓아 순종하면서 그가 하나님을 아는 만큼 믿음이 자라는 것을 그의 삶을 통하여 보여 주고 있다. 믿음이 없다고 실망하지 말라. 시간이 지나면 하나님께서 자신을 보여 주시면서 우리의 신앙, 즉 믿음을 키워나가신다.

2) 이삭은 순종을 보여 준다.

믿음이 있는 사람은 하나님의 말씀에 순종하는 사람이다. 믿음이 있다고 하고 하나님의 말씀을 순종하지 않는 사람은 믿음이 없는 사람이다. 순종은 죽기까지 하여야 한다. 이삭은 모리아산에서 하나님에게 번제물로 바쳐졌던 사람이다. 죽기까지 순종하라. 하나님이 책임지신다. 순종하면 하나님께서 축복해 주신다. 이삭은 흉년 때에 블레셋에서 살았는데 하나님께서 이삭에게 백배의 축복을 주셨다. 성경에서 백배의 축복은 오직 이삭만 받았다.

3) 야곱은 축복을 보여 준다.

야곱은 아브라함으로부터 신앙의 삼대 째이다. 3대 째 신앙인은 축복을 받는다. 야곱은 어디를 가든지 무엇을 하든지 하나님께서 그에게 축복을 해 주셨다. 신앙의 후손들을 위하여 신앙생활을 열심히 해야한다. 신앙생활은 마치 간척사업과 같다. 1대는 바다 속에다 돌을 갖다가 메우는 작업을 하고, 2대는 흙으로 돋우고 염분을 제거하고 옥토로 만들면, 3대는 씨를 뿌리고 열매를 거두는 작업을 한다. 계대적인 축복을 받기 위하여 신앙의 계보를 잘 이어 나가야 한다.

4) 요셉은 선교와 전도를 보여 준다.

축복을 받았으면 나가서 전해야 한다. 하나님의 살아계심을 보여 줄 수 있는 성도가 되어야 한다. 요셉은 그의 삶을 통하여 보디발에게 하나님이 함께 하는 것을 보여 주었다. 그리고 감옥에 갇혀서도 그랬고, 바로에게도 하나님이 함께 하심을 보여 주었다. 우리도 우리의 삶을 통하여 보여 줄 수 있는 성도가 되어야 한다.

3. 애굽 - 가나안 = 구속의 역사를 보여 주고 있다.

이스라엘이 애굽에서 430년만에 나올 수 있었던 것은 하나님의 은혜이다. 우리가 세상으로부터 구원을 받아 하나님의 자녀가 된 것은 순전히 하나님의 은혜인 것이다. 이스라엘이 애굽에서 나와 광야를 거쳐 가나안 땅에 들어가는 것은 내가 예수님을 영접하고 내 안에 오신 그리스도를 모시고 사는 것을 말한다. 이 전 과정이 구속사인 것이다.

4. 기타 - (레위기, 사무엘상하 - 말라기)

구속을 위하여 오실 예수 그리스도의 삼중직에 대하여 말씀하고 있다. 간략하게 말하면 레위기 이하의 성경을 통해서는 예수님의 제사장직에 대하여 말씀하고 있으며, 열왕기 상하 이하의 성경에서는 왕정시대를 말하고 있지만 만왕의 왕이신 예수 그리스도의 왕직에 대하여 그리고 선지서를 통해서는 참 선지자이신 예수 그리스도의 선지자직에 대하여 말씀하고 있는 것이다. 예수 그리스도는 인류를 구속하기 위하여 왕으로, 제사장으로, 선지자로 오셔서 고치시고, 가르치시고, 전파하시는 사역을 통하여 하나님의 나라가 이 땅에 왔음을 선포하셨다. "회개하라. 천국이 가까웠느니라."

신약의 흐름

1. 사복음서

"복음서는 하나이면 될 터인데 왜 4권씩이나 되는가?" 하고 의아해 하는 사람이 있다. 그 이유는 복음서는 인간을 구원하기 위하여 사람 들에게 보내는 하나님의 초청장이다. 그래도 한 권이면 되지 하고 생 각하는 사람이 있을 것이다. 그 이유는 사람에게 있다.

사람들이 얼마나 강퍅한가? 예수님을 믿으라고 해서 쉽게 '예' 하는 사람들이 얼마나 되는가? 성경을 보니 왕의 초청에 사람들은 이 핑계, 저 핑계를 대며 요리조리로 빠져나가지 않는가? 이것을 아신 하나님 께서 그들이 핑계하지 못하도록 하나님의 초청을 여러 각도에서 하고 있는 것이다.

마태복음은 왕으로 오시어 그의 백성들을 초청하시는 책이며, 마가 복음은 종으로 오시어 사람들을 섬기시되 상전을 섬기듯 그들을 초청하고 계신 것이다. 누가복음은 사람의 아들로 오셔서 사람들이 자주 사용하는 언어와 같이 '내가 인간적으로 말하는데 예수님을 믿어야 하지 않겠나?' 라고 넌지시 우리에게 말씀하고 계신 것이다. 여러분은 그 소리가 들리지 않는가? 그래도 안 되니까 하나님께서는 아들을 하나님의 아들로 보내셔서 인간을 초청하시는데 이것이 요한복음인 것이다. 하나님의 아들의 복음 곧 하나님의 아들의 초청을 거절하게 되면 그 날에 바깥 어두운 곳에서 이를 갈며 슬피 울게 될 것이다.

2. 사도행전 – 유다서

사도행전부터 유다서까지는 성도의 신앙의 발전사를 보여 주며, 하나님을 믿는 성도는 어떻게 살아야 할 것인가?를 보여 주고 있다.

사도행전은 별명이 '성령행전'으로 성령의 역사를 보여 주고 있는데, 성령시대에 신자는 성령의 은혜를 받아야 할 것을 보여 준다. 이것은 하나님의 초청을 받고 교회에 나오면 처음부터 목사님의 말씀이 귀에 들어오는 것이 아니라 서먹서먹하고 부자연스러움 속에서도 예배에 참석하고 있으면 나도 모르게 눈에서 눈물이 나오는 것을 체험하는 사람들이 있다.

이것은 성령의 역사이다. 겨울 내내 얼었던 것이 봄이 되면 따스한 기운에 녹아내리듯이 우리의 얼었던 마음이 녹으면서 눈물이 나오는 것이다. 즉 주님이 우리의 마음을 만져 주심으로 나타나는 현상이다. 사도행전은 이와 같이 우리가 교회에 나오면 성령의 역사하심 안에서 살고 있음을 먼저 보여 주는 책이다.

로마서는 말씀과 생활이 하나가 되어야 할 것을 보여 준다. 구조를 보면 1장부터 8장까지는 교리적인 말씀이고 그리고 9장 이후부터는 성도의 생활을 다루고 있다. 따라서 말씀을 아는 것으로 끝나지 말고 참된 신앙은 말씀이 생활화 되어야 한다는 것을 보여 주고 있다.

고린도전후서는 우리가 말씀을 알고 신앙생활을 열심히 한다고 하지만 그래도 교회 안에는 문제가 있음을 보여 준다. 여러분은 교회가 어떤 곳이라고 생각하는가? 대부분은 교회이상론을 말한다. 교회자체는 하나님의 나라의 축소판이다. 그러나 그 안의 구성원인 사람은 거룩해지는 과정 가운데 있는 것이다. 그들의 모습을 고린도전후서가 보여 주고 있는 것이다. 교회는 문제가 많은 곳이다. 이것을 알고 이겨야 한다. 교회를 보고 시험에 들면 그것은 당신의 손해가 된다. 세상의 교회는 불완전하다. 그 이유는 구성원이 불완전하기 때문이다.

갈라디아서는 그리스도 안에서 자유하라고 권면한다. 너희의 모든 죄의 짐을 다 그리스도께서 지셨다. 이제 너희는 죄의 종이 아니다. 너희는 그리스도 안에서 자유를 누리며 살아라.

에베소서는 교회론을 보여 주고 있는데, 즉 교회는 그리스도의 머리요 너희는 지체이다. 교회 안에서 서로 연합하여 한 몸을 이루어 영적인 싸움에서 승리하는 교회가 되어야 할 것을 보여 준다.

빌립보서는 주 안에서 항상 기뻐하라. 내게 능력 주시는 자 안에서 내가 모든 것을 할 수 있기 때문이다. 주님이 함께하심을 믿어야 한다.

골로새서는 우리는 문제가 많은 세상에 살고 있다. 하나님의 아들 예수 그리스도는 우리가 가지고 있는 문제의 해답이시다. 그 분 안으로 들어가면 문제는 해결된다.

데살로니가전후서는 우리가 종말론적인 신앙인으로 재림신앙을 가지고 살아야 할 것을 보여 주고 있다. 재림신앙을 가지고 하늘을 바라보며 살아야 한다. 땅의 가치관이 아닌 하늘의 가치관을 가지고 살아가는 성도가 되어야 한다.

디모데전후서는 "목회자여, 하나님의 권위와 순전함으로 성도를 돌보라." "성도들이여, 목사의 권위에 순종함으로 하나님의 복을 받으

라. 그리고 말세에 교회에 파고드는 이단을 경계하라." 그리고 큰 그릇이 되어야 한다.

디도서는 일꾼을 잘 세워야 한다. 일꾼 하나가 열 사람의 몫을 하기도 하지만 백 사람이 세운 집을 한 사람이 헐기도 한다. 일꾼을 잘 세워야 한다. 특히 교회의 일꾼은 더욱 더 중요하다. 생활에 건덕을 세워야 함을 보여 준다.

빌레몬서는 사도바울이 감옥에서 전도하여 일꾼 삼은 오네시모를 빌레몬에게 천거하는 내용으로 우리도 전도하여 하나님께 천거하는 삶을 살아야 한다는 것을 보여 준다.

히브리서는 그리스도의 탁월성을 보여 주고 있다. 탁월하신 예수 그리스도 그 분으로 내가 구원을 받았다. 그런 내가 아무렇게나 살면 되겠는가? 절대로 그것은 아니다. 그러면 어떻게 살아야 하는가? 다음 서신을 보라.

야고보서는 행함이 없는 믿음은 죽은 믿음이라고 한다. 진정한 믿음은 행위를 동반한다. 열매를 보아서 그 나무를 알 수 있다고 하였다. 좋은 나무에 좋은 열매가 맺히고, 나쁜 나무는 나쁜 열매를 맺는다. 절대로 좋은 나무에 나쁜 열매가 맺힐 수 없다. 좋은 열매로 하나님께 영광을 돌려야 한다.

베드로전후서는 우리는 본향을 향하여 나아가는 나그네라고 말씀하고 있다. 이 땅에서 나그네의 삶을 완성하여야 한다. 돌아갈 본향을 사모하여 이 땅에서 사는 날 동안 최선을 다하여 "성도의 삶이 이런 것이다"라는 것을 보여 주고 가는 멋진 성도가 되어야 한다.

요한1서는 생명으로 오신 생명이신 그리스도를 보여 주며, 요한2서는 진리이신 그리스도를, 그리고 요한3서는 길이신 그리스도를 보여 준다. 예수 그리스도는 길이요, 진리요, 생명이시다. 예수 그리스도를 통하여 구원받은 우리는 이제 그리스도 예수로 승리의 삶을 살아야 한다.

유다서는, "너희는 미혹의 영에 사로잡혀 거짓교사의 거짓 가르침에 속지 말라. 그리고 배교하지 말라. 오직 너희를 구원하실 분은 그리스도이니 그분에게 영광을 돌려야 한다."는 것을 가르치고 있다.

3. 요한계시록

마지막으로 요한계시록은, 하나님 나라의 궁극적인 승리를 보여 주고 있다. 그러나 이것은 이미 예수 그리스도가 십자가에서 이루신 구원의 결과이다. 예수님은 십자가 위에서 "내가 다 이루었다"고 이미 선포하셨다. 그것은 인류를 죄에서 구원하심의 한 표현이며 그가 이루신 인류의 완전한 구속을 선포하신 내용이다. 그 결과가 요한계시록에서 이루어지고 있는 것이다. 예수 그리스도는 궁극적인 승리의 주이시다. 그 예수님이 우리의 구원을 완성해 나가신다.

할렐루야.

창세기에 나타난
하나님 마음 읽기

2015. 1. 25. 개정판 1쇄 인쇄
2015. 2. 10. 개정판 1쇄 발행

지은이 | 이기영
펴낸이 | 이종춘
펴낸곳 | 한알의밀알

주소 | 121-838 서울시 마포구 양화로 127 첨단빌딩 5층(출판기획 R&D 센터)
      413-120 경기도 파주시 문발로 112(제작 및 물류)
전화 | 02)3142-0036
      031)950-6300
팩스 | 031)955-0510
등록 | 1973.2.1 제13-12호
출판사 홈페이지 | www.cyber.co.kr
ISBN | 978-89-315-7826-3 (03230)
정가 | 12,000원

이 책을 만든 사람들
책임 | 최옥현
진행 | 이병일
본문·표지디자인 | 디자인 빛깔
홍보 | 전지혜
마케팅 | 구본철, 차정욱, 나진호, 이동후, 강호묵
제작 | 김유석